Alinierea

Procesul de Transmutație în Mecanismele Vieții

Dan Desmarques

22 Lions

Alinierea: Procesul de Transmutație în Mecanismele Vieții

Scris de Dan Desmarques

A doua ediție: 2024, de Dan Desmarques. Toate drepturile rezervate.

Prima ediție: 2022, de Dan Desmarques. Toate drepturile rezervate.

Index

Introducere

Eşti în căutarea unei înţelegeri mai profunde a identităţii şi scopului tău spiritual? Această carte transformatoare vă invită să exploraţi procesul profund al alinierii, care este transformarea ce are loc în însăşi mecanica existenţei noastre.

„Alinierea: Procesul de Transmutaţie în Mecanismele Vieţii" examinează interacţiunea complexă dintre conştiinţă, ego şi sinele superior. Ea pune în discuţie naraţiunile convenţionale care ne ţin adesea blocaţi în cicluri de suferinţă şi stagnare. Printr-o sinteză magistrală de înţelepciune spirituală, viziune ştiinţifică şi îndrumare practică, această carte luminează o cale către o mai mare conştiinţă de sine, înţelegere şi realizarea adevăratului nostru potenţial.

Prin aprofundarea naturii sufletului, minţii şi spiritului, cartea dezvăluie dinamica ascunsă din spatele experienţelor şi relaţiilor noastre. Ea oferă o perspectivă convingătoare asupra rolurilor religiei, psihologiei şi dezvoltării personale, invitându-i pe cititori să transceadă limitele dogmei şi să îmbrăţişeze o înţelegere mai holistică şi mai puternică a condiţiei umane.

Fie că căutaţi răspunsuri la cele mai profunde întrebări ale vieţii, vă luptaţi să vă eliberaţi de convingerile limitative sau tânjiţi după o existenţă mai plină de sens şi mai împlinită, această explorare aprofundată a procesului de aliniere vă va servi drept ghid transformator. Pregăteşte-te să porneşti într-o călătorie de autodescoperire, de evoluţie spirituală şi de deblocare a celui mai înalt potenţial al tău.

Capitolul 1: Iluzia alegerii

Direcția în care ne îndreptăm, cine sunteți ca persoană, ceea ce vă sfătuiește bunul simț și ceea ce determină mintea dumneavoastră nu trebuie să coincidă. Trebuie să înțelegem aceste dinamici pentru a face alegerile corecte în viață, deoarece, în cele din urmă, legile universului contează doar în funcție de propriile noastre alegeri. Pentru o persoană obișnuită, aceste alegeri de multe ori nu par să existe. Ele sunt condiționate în primii ani de viață și continuă să se manifeste ca ramificații ale acestor experiențe timpurii. Această condiționare mentală este de obicei modelată de familie, școală, cultură și alte influențe care sunt întărite pe tot parcursul vieții, deoarece mulți rămân atașați de ele.

De obicei, masele nu sunt altceva decât produse ale culturii și țării lor natale. Restul este doar circumstanță. Prin urmare, nu prea are sens să discutăm despre o direcție în viață atunci când acea direcție este condiționată de identitate, mai ales când nu înțelegem pe deplin cine suntem, cum se formează identitatea noastră sau de ce trebuie să se schimbe. Cu toate acestea, în conformitate cu diverse legi spirituale, ne îndreptăm cu toții în aceeași direcție, cu un scop comun. Acest scop este atins atunci când o persoană este în armonie cu adevărul. Cu toate acestea, pentru a fi aliniați spiritual, este necesar să avem cunoștințe, discernământ și experiență.

Nu contează de unde am pornit în viață, ce traume am suferit sau care au fost reîncarnările noastre anterioare, pentru că toți ne îndreptăm spre aceeași destinație: conștiința. O conștiință superioară ne aduce mai aproape de înțelegerea unității, de realizarea faptului că suntem cu toții o familie în univers, nu doar pe planeta noastră. Acțiunile, corpurile și experiențele noastre nu ne determină identitatea spirituală. Această identitate este determinată exclusiv de nivelul de conștiință pe care îl atingem.

Multe cărți spirituale abordează aceste învățături și îi laudă pe cei care sunt devotați lui Dumnezeu, o identitate superioară căreia îi atribuim semnificații pe care nu le putem procesa în noi înșine, care știe totul, vede totul și este totul. Cu toate acestea, până când nu ne dăm seama că nu pe Dumnezeu îl căutăm, ci destinul nostru, și redefinim ce sau cine este Dumnezeu, va trebui să navigăm prin multe stări de spirit, adesea numite reîncarnări, deoarece acestea apar adesea între vieți. Pentru majoritatea oamenilor, adevărata schimbare are loc atunci când sunt forțați să ocupe un nou corp și să renască într-o nouă cultură. Cu toate acestea, deoarece mulți sunt încăpățânați și înceți să învețe lecțiile necesare, o singură reîncarnare nu este întotdeauna suficientă. Ei pot ajunge să repete aceleași tendințe de-a lungul mai multor existențe în corpuri diferite.

Când oamenii îmi cer să le explic renașterile, se așteaptă de obicei la o poveste reconfortantă, nu la realitatea pe care o prezint: dacă sunt alcoolici în această viață, este posibil să fi fost alcoolici într-o viață anterioară; dacă le este frică să călătorească acum, este posibil să nu fi plecat nicăieri într-o viață anterioară; și dacă sunt singuri, este posibil să fie din cauză că au fost persecutați și trădați de cei în care aveau încredere într-o viață anterioară. Aceste amintiri nu sunt plăcute, dar fac parte din istoria noastră ca civilizație. Oamenii de pe această planetă au fost cruzi, barbari, primitivi și incredibil de ignoranți. Atâta timp cât nu vedem trecutul așa cum a fost el cu adevărat, și nu așa cum ne-am dori să fi fost, nu vom învăța din istorie.

Multe studii psihologice, cum ar fi experimentul lui Milgram realizat la Universitatea Yale, arată că majoritatea oamenilor sunt dispuși să rănească o altă ființă umană dacă primesc ordine de la o figură autoritară. Deciziile noastre în viață sunt motivate în principal de dorința de securitate, sex și hrană - dorințe egoiste de cea mai joasă natură. Dacă acest lucru este adevărat în secolul XXI, cât de diferit credeți că era în secolul XVIII, în secolul I sau mult mai devreme? Probabil că nu era foarte diferit, cu excepția cazului în care inventăm scale inferioare pentru a descrie comportamentul nostru.

Experiențele noastre erau mai severe din cauza nivelului mai scăzut de organizare socială, a tehnologiei nedezvoltate și a absenței legilor care să protejeze inocenții de cruzime. Astăzi, te poți simți deprimat din cauza insultelor și a intimidării, dar nu cu mult timp în urmă, puteai fi spânzurat de un copac doar pentru că oamenilor nu le plăcea de tine, de felul în care arătai sau de culoarea pielii tale. Victimele rasismului, nazismului și ale altor atrocități știu prea bine acest lucru. Acestea sunt acte crude pe care oamenii le-au comis unii împotriva altora, uneori cu doar câteva decenii în urmă, şi care sunt adesea lăudate şi justificate ca fiind acceptabile din punct de vedere moral. Imaginaţi-vă de ce au fost capabili în trecut.

Capitolul 2: Calea universală a con tiin ei

Societatea civilizată are o aparență superficială. Îndepărtați figurile de autoritate, teama de pedeapsă și consecințele acesteia și încă mai puteți găsi oameni care comit crime bazate pe percepții distorsionate ale realității. Rasismul este foarte viu astăzi. Diferența acum este că indivizii pot provoca o luptă pentru a justifica agresiunea, în loc să adune un grup pentru a ataca pe cineva. Acest comportament persistă în unele națiuni, precum Polonia, Germania și Ucraina, deși este mai puțin frecvent decât era odată. Etichetăm aceste grupuri drept neo-naziști pentru a raționaliza convingerea că majoritatea oamenilor nu sunt ca ei. Cu toate acestea, atunci când o persoană de culoare cere ajutorul poliției pentru că este persecutată de neo-naziști, poliția din țări precum Polonia, Lituania și Ucraina poate să nu facă nimic.

Atunci când instituțiile create pentru a proteja oamenii de nedreptate sunt ele însele nedrepte, indivizii se pot simți îndreptățiți să se apere, chiar să ucidă. Dar atunci când autoapărarea este folosită împotriva ta, ea devine o pervertire a justiției, un fenomen pe care îl vedem astăzi din motive similare. În multe instanțe, un bărbat de culoare are mai multe șanse să fie arestat și condamnat pentru o infracțiune pe care nu a comis-o decât un bărbat alb. De asemenea, este mai probabil să fie arestat în orice parte a lumii în care majoritatea populației este albă. Poate că oamenii nu vor să fie numiți rasiști, dar acțiunile lor spun adesea altceva. Dacă stau într-o cafenea plină de albi într-un oraș din SUA, fie că e vorba de New York sau Florida, și toată lumea se uită la mine ca și cum nu aș avea ce căuta, există un singur motiv: culoarea pielii mele.

Aceste persoane ignorante nu își dau seama că într-o zi s-ar putea reîncarna cu înfățișarea cuiva pe care îl disprețuiesc în prezent și ar putea experimenta pe propria piele consecințele ignoranței lor. Acesta este motivul pentru care se opun conceptului de reîncarnare și posibilelor sale efecte negative. Mentalitatea lor este egocentrică și văd religia ca pe un mijloc de a-și satisface dorințele personale, mai degrabă decât ca pe un ghid de dezvoltare personală. Ei adaptează religiile la nevoile lor, mergând atât de departe încât să îl prezinte pe Iisus ca fiind alb, insistând asupra albului său și pictându-l ca atare.

Nu există nimic mai contradictoriu decât un rasist care se identifică drept creștin, dar acest lucru este comun, în special în națiunile care pretind că susțin valorile creștine. Un creștin poate merge duminică la o biserică lituaniană sau poloneză și, luni, să ia parte la un marș împotriva refugiaților arabi, ignorând faptul că Hristos a venit din acea regiune. Hristos s-a născut în Palestina, iar palestinienii sunt adevărații urmași ai primilor evrei. În mod ironic, ei sunt acum strămutați de colonizatorii europeni și de alții care le ocupă pământurile și casele, adesea cu forța.

Acum două mii de ani, protestul împotriva acestor nedreptăţi putea duce la lapidare sau crucificare; astăzi, poate însemna un glonţ în cap. Unde sunt creştinii astăzi? Vizitează ei Ţara Sfântă şi se împărtăşesc? Evreii care au scăpat de rasismul din Europa îl perpetuează acum în Israel, crezând că un evreu trebuie să fie alb şi că alte religii nu sunt acceptate. Acest lucru reflectă trecutul, acum două mii de ani, când Hristos a fost ucis de strămoşii lor. Aşadar, adevărul este relativ sau oamenii sunt ignoranţi?

Adevăratul motiv pentru care majoritatea oamenilor au dificultăţi în a găsi adevărul este că ei cred că acesta trebuie să vină de la cineva care face miracole. Ei au internalizat atât de multe credinţe încât nu pot accepta decât informaţiile care sunt în acord cu ele. Identitatea şi statutul lor social sunt construite pe baza acestor convingeri, ceea ce îi determină să nu vadă niciun adevăr în afara lor şi să se teamă de schimbare. După multe eşecuri şi ani de dezorientare, ei pot ajunge la concluzia că adevărul nu există sau că este relativ la experienţa personală. Adevărul, însă, nu este relativ, deşi manifestările sale pot varia.

Eu cred că revelaţiile sunt date multora şi că, deşi unii percep mai mult decât alţii, toată lumea are potenţialul de a vedea ceva. Natura umană îi determină adesea pe oameni să interpreteze învăţăturile în moduri care le contrazic. De exemplu, scripturile hinduse critică venerarea animalelor şi ritualurile focului, dar aceste practici persistă. Coranul şi Biblia conţin pasaje care critică ura faţă de alte grupuri religioase, iar Iisus este descris ca o persoană care acceptă oamenii din alte religii. Cu toate acestea, atunci când oamenii relativizează adevărul, ei nu îl pot recunoaşte, chiar şi atunci când le este prezentat.

Capitolul 3: Reîncarnarea i lec iile de via ă

Unii brazilieni, influențați de propaganda politică, religioasă și educațională, își dezvăluie limitele mentale referindu-se la mine ca la „voi, europenii", fără să realizeze sau să accepte că nu mă identific cu continentul sau cu modul de gândire european. În perioada petrecută în Asia, am fost întotdeauna înconjurat de sud-americani și asiatici, nu de europeni sau nord-americani, deoarece am considerat că aceste din urmă grupuri sunt în general mai rasiste și mai pline de prejudecăți. Nu este o coincidență faptul că cărțile mele sunt populare în America de Sud și Asia, deși nu am vizat în mod special un public din aceste regiuni. Am fost atras în mod natural de ei pentru că împărtășim opinii similare cu privire la multe probleme. Dacă oamenii nu pot vedea evidența, este pentru că creierul lor filtrează cuvintele mele prin noțiuni preconcepute, rezultatul unei puternice condiționări culturale care, în cele din urmă, împiedică gândirea independentă și permite adevăraților înșelători să treacă neobservați.

În ceea ce privește trecutul meu religios, am participat la multe grupuri și am învățat suficient pentru a le evalua critic. O perspectivă importantă pe care am dobândit-o este că a petrece o viață întreagă într-un grup nu te face un expert în credințele acestuia; te face un expert în dogmă, capabil doar să îți raționalizezi propriile credințe fără să le pui la îndoială. Pentru a-ți valida convingerile, trebuie să fii capabil să le compari cu cele ale altor oameni, iar eu am constatat că foarte puțini oameni reușesc să facă asta. Cei care reușesc sunt de obicei în mediul academic, ca mine, și învață atât de mult încât ajung să fie respinși de toate grupurile pentru că nu se lasă influențați de falsuri.

Adevărul există la un nivel superior, dincolo de înțelegerea multora, și ne permite să vedem asemănările și diferențele, să recunoaștem erorile și să distingem faptele de misticismul simbolic. Acest lucru necesită un nivel de discernământ pe care majoritatea oamenilor nu îl au sau nu vor să îl aibă, chiar dacă există cărți care apără aceste idei.

Nu mă mai învinovățesc la fel de mult ca înainte, dar pot spune că religiile moderne s-au îndepărtat mult de înțelegerea lor originală. În zilele noastre, este adesea mai ușor să înveți din textele religioase în sine decât de la adepții lor, care adesea denaturează învățăturile. De exemplu, francmasonii și rosicrucienii mă întreabă mereu cum pot să știu mai multe decât ei. Ei presupun că aparțin unui grup cu mai multe cunoștințe secrete, deoarece tind să vadă adevărul prin perspective limitate. În ciuda onestității mele, nimic din ceea ce spuneam nu avea sens pentru ei, așa că au trimis oameni să mă spioneze și să-mi observe acțiunile și scrierile.

Motivul pentru care știam mai multe decât ei, ceea ce nu puteau accepta, era că citeam mai mult și mai repede decât oricine altcineva. După ce am participat la multe grupuri religioase și am vorbit cu oameni religioși din întreaga lume, pot înțelege conceptele cu care au dificultăți, mai ales dacă nu au călătorit mult. Marele secret este să citești, să vorbești și să înțelegi! Cel mai mare secret al meu a fost ascuns de ignoranța lor, ascuns de propriile lor orgolii.

Ceea ce m-a nedumerit cu adevărat a fost că, în loc să învețe de la mine și să se corecteze, îmi tot spuneau că am un ego puternic și că trebuie să mi-l depășesc pentru a mă înălța. Să mă înalț la ce? La propriile lor iluzii? Ei nu știu nimic! Sunt aroganți și ignoranți, dar ceea ce este mai rău este că nu sunt conștienți de ignoranța lor și sunt incapabili să o recunoască. Acesta este adevăratul egocentrism: convingerea că propria opinie este mai valabilă decât dorința de a învăța de la cineva care a studiat multe religii și a scris sute de cărți.

Dacă acești oameni ar înțelege știința, ar ști că nu poți elimina ego-ul; trebuie să îl depășești cu ajutorul superego-ului, un concept care probabil le este necunoscut pentru că nu citesc decât ficțiune. Aceasta este o iluzie comună tuturor religiilor, în care oamenii cred că afirmațiile lor sunt valabile doar pentru că mulți oameni proști spun același lucru. Totuși, nu trebuie să confundați grupurile antice cu cele actuale. Nu cred că au mai rămas francmasoni sau rosicrucieni actuali. De asemenea, nu veți găsi nicio religie ca temă principală în scrierile mele, deoarece ceea ce discut eu transcende subiectele, continentele sau culturile pământești. Eu scriu despre alte lumi, mai avansate, motiv pentru care pot înțelege orice religie.

Ceilalți nu pot face ce fac eu, așa că presupun că aparțin unui grup pe care nu l-au întâlnit niciodată, chiar dacă refuză să învețe de la mine.

Capitolul 4: Condi ionarea culturală i efectele sale

Oamenii văd adesea lumea bazându-se pe presupuneri egocentrice, ceea ce îi împiedică să înțeleagă cunoștințele mele. Ceea ce știu eu transcende realitățile și conceptualizările pământești, ceea ce îngreunează înțelegerea sau acceptarea de către majoritatea. Mulți presupun că scrierile mele sunt doar opinii personale sau reflecții ale identității mele. Fiecare încearcă să mă definească din perspectiva sa, ceea ce duce la concluzii absurde. Cu toate acestea, adevărul nu este ceva ce ai sau crezi, ci ceva ce vezi și aplici. Nimeni nu deține adevărul, dar toată lumea are potențialul de a-l înțelege.

Contrar a ceea ce sugerează multe religii, filosofii sau guru, puteți folosi cunoștințele mele pentru a înțelege diverse domenii, inclusiv religia și știința. Cunoștințele mele se aplică, de asemenea, educației și afacerilor. Mulți au ajuns să aibă succes prin aplicarea acestor principii, iar studenții mei au excelat prin utilizarea acestor cunoştinţe pentru a învăţa mai eficient. Pe măsură ce exploraţi scrierile mele, veţi observa că acestea sunt vaste, atât de mult încât unii m-au acuzat de plagiat. Dar de unde aş putea fura?

Îi provoc pe cei care mă insultă să îşi dovedească acuzaţiile. Nu au făcut-o niciodată, deoarece nicio carte de pe această planetă nu conţine ceea ce predau eu. Deşi mulţi copiază intuiţiile mele, nu le pot explica aşa cum o fac eu, pentru că nu înţeleg cum şi de ce funcţionează. Nu încetează niciodată să mă uimească faptul că oamenii îi admiră pe cei care îmi plagiază munca, dar mă numesc mincinos şi hoţ. Este cu adevărat uimitor cât de pierduţi sunt oamenii.

Întrebarea „De ce eu?" este greu de răspuns. Dacă încercaţi să mă înţelegeţi pe baza locului meu de naştere, a trecutului, a aspectului, a culorii pielii sau a obiceiurilor mele de lectură, nu veţi reuşi. Acesta este cel mai comun mod de a încerca să mă cunoşti. O modalitate de a răspunde la această întrebare implică reîncarnarea, atât în acest tărâm, cât şi în altele. O alta implică nivelurile morale.

Cei care înţeleg aceste aspecte au o perspectivă asupra adevăratei mele identităţi. În plus, evoluţia spirituală este un subiect sensibil pentru mulţi şi este posibil să se măsoare nivelul spiritual al unei persoane. Sistemul chakrelor este un exemplu. Fiinţele extrem de spirituale tind să fie creative şi să gândească diferit, concentrându-se pe emoţii şi adoptând o perspectivă globală. Ele percep mai mult decât majoritatea, deoarece simt atât lucrurile bune, cât şi pe cele rele profund în chakrele lor superioare. O fiinţă spirituală se confruntă, de asemenea, cu probleme şi îngrijorări, dar de o natură diferită.

Nu este posibil să fii mai spiritual şi să nu te confrunţi cu provocări. Pe nivelurile spirituale superioare, ne confruntăm cu probleme pe care alţii nu le înţeleg sau nu vor să le înţeleagă, cum ar fi modul în care demonii se infiltrează în corpurile oamenilor ignoranţi şi le folosesc pentru a-ţi face rău. Dacă împărtăşiţi acest lucru cu alţi oameni, inclusiv cu preoţi, aceştia pot crede că vă imaginaţi. Cel mai interesant lucru este că, dacă le-o arăţi, ei pot nega ceea ce văd şi te pot evita. Cunosc pe cineva care a sunat odată un preot de teama unei posedări demonice, iar acesta nu i-a mai răspuns la apeluri.

Oamenii întreabă adesea: „Dacă există un singur adevăr, de ce toate religiile îl exprimă în moduri diferite?" Înainte de a răspunde, trebuie să recunoaştem că, în această lume a nebuniei, Dumnezeu nu este un creştin. Nu există nicio dovadă că el s-ar fi declarat creştin. Creştinii sunt creştini. În plus, dacă Dumnezeu şi-ar alege poporul, nu ar avea sens să aleagă indivizi aroganţi, înşelători, ipocriţi, rasişti sau cinici. Astfel, între un creştin rasist, un hindus dogmatic şi un musulman altruist, onest, bun şi muncitor, cred că Dumnezeu l-ar alege pe musulman. Acelaşi lucru este valabil şi dacă aceste calităţi se regăsesc la un budist, hindus etc.

Religiile oferă căi, dar dogmele nu duc nicăieri. Acesta este motivul pentru care Dumnezeu continuă să inspire noi religii pentru a corecta erorile celor vechi şi perversiunile umanităţii. Religiile sunt interpretări ale mesajului lui Dumnezeu, aşa că este logic ca ele să evolueze şi unele să dispară în timp. La cel mai înalt nivel de conştiinţă, se realizează că păgânismul, gnosticismul, creştinismul, islamul, hinduismul şi budismul sunt în esenţă aceeaşi religie. Nu există nicio diferenţă în originea lor sau în ceea ce încearcă ele să explice.

Capitolul 5: Căutarea clarită ii spirituale

Atunci când un guru dobândește cunoștințe despre alte religii, el repetă aceleași lucruri în propriile sale cuvinte. Adevărata problemă este atunci când o persoană este atât de proastă sau de rea încât nu poate copia corect și nu poate explica corespunzător. Atunci adepții lor se rătăcesc și se îndepărtează de adevăr. Aceasta este problema cu mulți lideri spirituali moderni, pentru că ei îi îndepărtează pe oameni de adevăr cu teorii frumoase care nu au nicio aplicație practică. Acești oameni ar putea urma știința, apropiindu-se un pic mai mult de adevăr, sau chiar arta sau trăirea aproape de natură, dar din motive pe care nu le pot explica aici, ei optează pentru nebunie în căutarea răspunsurilor. Unele prostii sunt atât de elementare încât trebuie să îți lipsească bunul simț pentru a le crede, ca atunci când cineva spune că trebuie să îți ignori ego-ul.

Pe baza experienței mele de viață și a ceea ce știu despre psihologie, nu pot spune unui copil: „Nu ești prost, ai doar o problemă cu ego-ul! Elimină egoul, rămâi în momentul prezent și totul va fi bine!" Asta nu-i va rezolva problemele. Tot va pica la examene. Este o idee stupidă. Totuși, oamenii iubesc această idee și nu o pun la îndoială. Adevărul este că singura modalitate de a ajuta un copil să-şi confrunte şi să-şi accepte ego-ul este de a-l lăsa să vorbească despre ceea ce vede şi gândeşte.

În cazul adulţilor, situaţia este foarte diferită, deoarece ei tind să fie mai răi şi mai egoişti. Cu toate acestea, nu le puteţi ignora ego-ul sau nu îi puteţi face să îl ignore ajutându-i. Adulţii sunt mai complicaţi deoarece sunt încăpăţânaţi, dar această încăpăţânare este o manifestare a lipsei de conştiinţă de sine, nu o nevoie de a ignora conştiinţa de sine. Această nevoie de mai multă conştientizare este legată de Era Vărsătorului, care a început recent pe Pământ. Cu toate acestea, revelaţiile pot veni doar prin cei care spun adevărul şi prin cărţile lor. Prin urmare, dacă cărţile nu sunt citite şi oamenii sunt ignoraţi, Era Vărsătorului nu va fi altceva decât mai multă suferinţă pentru oameni, deoarece marchează sfârşitul unei alte ere: Peşti. Practic, secretele trecutului sunt acum disponibile pentru cei care le doresc, deci nu mai există secrete, cu excepţia lipsei de interes personal în a le cunoaşte. Cu toate acestea, unii oameni se uită la cărţile care descriu adevărul şi nu văd nimic, în timp ce alţii se uită la aceleaşi cărţi şi văd totul.

De asemenea, mulţi oameni se fixează pe ideile false care sunt promovate şi apoi nu mai pot gândi singuri. Ei asimilează aceste idei şi trăiesc cu ele, iar apoi devin atât de obsedaţi de propriile dogme încât cred că mă înşel şi nu pot vedea că ei caută în continuare aceleaşi răspunsuri în cadrul credinţelor lor. Dacă nu puteţi vedea bine cu ochelarii pe care îi aveţi, nu spuneţi că realitatea este distorsionată, ci că aveţi nevoie de ochelari mai buni. Dacă ochelarii pe care i-aţi cumpărat nu sunt suficient de buni, nu daţi vina pe persoana care v-a vândut ochelari mai buni, ci pe persoana care vi i-a vândut pe cei greşiţi. Aşadar, putem spune că există o predictibilitate în mecanica socială a alegerilor şi convingerilor unui popor.

Informaţiile pe care oamenii le găsesc în cărţi şi cine sunt ei sunt acelaşi lucru. Devii capabil să vezi atunci când ceea ce vezi corespunde cu ceea ce eşti capabil să înţelegi. Atunci când se întâmplă acest lucru, devii ceea ce asimilezi. Şi nu este posibil să înveţi şi să dezveţi, cu excepţia cazului în care vorbim despre ceva din domeniul ipotezelor, opiniilor sau supoziţiilor filosofice. Atunci când sunteţi capabili să vedeţi ceva nou, nu puteţi înceta să vedeţi, şi asta este ceea ce înţelegem prin percepţie şi conştientizare, deoarece este capacitatea de a vedea mai mult. Realitatea şi tu nu sunteţi separate, aşa că, dobândind mai multă realitate, adică învăţând mai multe despre ceea ce este în faţa voastră, deveniţi mai reali, manifestându-vă prin identitatea voastră spirituală. Una nu există fără cealaltă.

Pe măsură ce conştiinţa voastră se extinde, puteţi vedea valoarea din spatele cuvintelor pe care le auziţi sau le citiţi, deoarece aveţi deja în voi potenţialul de a observa fluxurile de energie; altfel, cuvintele nu ar avea nicio semnificaţie pentru voi. Cu toate acestea, una dintre problemele sistemului educaţional este că îi obligă pe studenţi să asimileze semnificaţii pe care nici măcar nu le pot vedea în lume, deoarece nu sunt suficient de maturi sau experimentaţi pentru a asimila aceste noi simboluri, modele sau chiar adevăruri. Efectele unei educaţii false sfârşesc prin a fi exact opusul a ceea ce îşi propune. În timp, majoritatea oamenilor ajung să fie deconectaţi de ceea ce ar trebui să facă în mod constant pentru a-şi îmbunătăţi rezultatele în viaţă, deoarece sunt atât de dezinteresați de cunoștințe, cărți și învățare. Acesta este motivul pentru care majoritatea oamenilor sunt atât de previzibili.

Evoluția, care ar trebui să fie o activitate plăcută și interesantă, devine o experiență dureroasă pentru mulți, iar lucrurile care ar trebui să fie mai puțin importante, precum petrecerile, devin cele mai importante. Majoritatea oamenilor sunt atât de speriați de existență încât vor doar să se distreze, să se îmbete și să rămână inconștienți și distrași cât mai mult timp posibil. Acesta nu este un mod mai bun de a trăi, ci doar un mod de a pierde mai mult din timpul lor prețios în viață, pentru că nu pot face față sensurilor dincolo de realul lumii vizibile. Este un mod de a renunța la sine și de a exprima o lipsă de stimă de sine, deși ascunsă în spatele straturilor de validare socială.

Capitolul 6: Natura comportamentului uman

Oamenii sunt atât de departe de adevăr încât nu au nicio compasiune pentru el. Viețile lor se învârt în jurul unei competiții constante pentru plăcere și aprobare, mai degrabă decât în căutarea unui sens mai profund. Acest lucru este evident în alegerile lor, care sunt adesea egoiste, superficiale și bazate pe aparențe sau pe opiniile altora, sau uneori pe nimic: nicio carte, nicio schimbare, nicio provocare, doar opiniile din capul lor, pe care le prețuiesc la fel de mult ca toate cunoștințele din lume. Această lene cognitivă se reflectă în obsesia lor pentru soluții rapide. Toată lumea aleargă după bani, care necesită puțin efort, și după relații, care nu necesită întreținere. Cei care dobândesc aceste lucruri sunt considerați norocoși, o sursă de invidie sau chiar de ură.

Atunci când totul eșuează, oamenii apelează la psihologie pentru răspunsuri sau la cărți și reviste de auto-ajutor pline de opinii care le reflectă propriul ego. Aceste resurse oferă doar soluții pe termen scurt, dar pentru că oamenii se concentrează pe prezent, ei ignoră consecinţele pe termen lung. De fapt, maturitatea unei persoane poate fi măsurată prin nivelul de disciplină pe care îl menţine. De exemplu, obiectivul principal al unei persoane imature ar putea fi să se trezească devreme şi să câştige suficienţi bani pentru a mânca într-un restaurant de calitate. În schimb, o persoană matură suportă perioade lungi de singurătate şi urmăreşte obiective care pot dura ani de zile pentru a fi atinse.

Din cauza naturii lor egoiste, oamenii sunt atraşi de ceea ce pot folosi împotriva altora, adesea singurul lucru pe care îl citesc în întreaga lor viaţă. Cei mai răuvoitori indivizi se bucură de arta de a le face rău şi de a-i trăda pe alţii fără consecinţe, deoarece văd lumea ca pe un loc al fricii constante de pierdere. Ei văd lumea prin standarde fizice limitate. Este încă un mister pentru mine cum reuşesc aceşti oameni malefici, dar de obicei o fac pentru că restul umanităţii tinde să fie simplistă, naivă sau egoistă. Ei profită de această lipsă de interes pentru ceilalţi.

De exemplu, am cunoscut o persoană care era extrem de manipulatoare. Era obsedată de controlul minţii şi excela în a-i înşela pe toţi cei din jurul ei. Personalitatea ei mi s-a părut fascinantă, pentru că oamenii ca ea m-au făcut să văd omenirea altfel. Eu eram confuz, iar discuţiile noastre despre comportamentul uman ne-au apropiat, chiar dacă interpretam aceleaşi lucruri în moduri diferite. Ceea ce m-a fascinat cel mai mult a fost cât de exactă era cu privire la toată lumea, chiar dacă de multe ori concluziile ei mi se păreau absurde. Înţelegea că toată lumea este motivată de sex şi bani şi ar face orice pentru a le obţine pe amândouă.

Îi poți evita pe acești oameni, dar adevărul este că nu-i poți măsura pe ceilalți cu aceleași instrumente pe care le folosești pentru tine. Dacă nu ești condus de motive egoiste, nu vezi societatea ca pe un joc sau o competiție și nu ești dispus să pătezi reputația cuiva pentru a obține un loc de muncă, te vei simți mereu confuz în această lume, deoarece este dominată de aceste personalități. Ceilalți sunt atât de concentrați asupra propriei supraviețuiri încât nu pot vedea lupul intrând în matricea lor. Atunci când lupul țintește una dintre oi, ele îl ignoră și se gândesc: „Bine că nu am fost eu". Așa că acești lupi continuă să îi distrugă pe cei mai buni dintre noi, menținându-i pe toți ceilalți în limitele acceptării sociale.

Nu poți fi prea bun sau prea rău, altfel vei fi atacat de acești lupi. Dacă ești prea bun, vei fi văzut ca o amenințare. Dacă nu poți fi învins direct, vei fi atacat indirect, cu atâtea minciuni care să-ți păteze numele, încât nu vei avea nicio șansă să te aperi. Este ca și cum ai încerca să înfrunți o mie de săgeți deodată. Dacă ești văzut ca fiind slab sau incapabil să ripostezi, vei suferi bullying, fie el psihologic, emoțional sau fizic.

Persoanele care sunt hărțuite nu sunt neapărat inferioare; ele sunt doar diferite și, prin urmare, evidențiate. Această diferență este inacceptabilă într-o societate dominată de lupi vicioși. Nu poți fi o oaie bună dacă ești diferit, dacă gândești prea mult, vezi prea mult, arăți diferit sau pui întrebări incomode. Pe de altă parte, nu ești niciodată suficient de puternic pentru a face față unei astfel de societăți. Am văzut adesea oameni care mint în legătură cu ceea ce văd pentru a evita să fie ținta narcisiștilor, sociopaților și agresorilor. De obicei, aceste persoane se asociază cu oameni care le pot folosi împotriva ta, mai ales dacă știu că nu le poți înfrunta direct. Acest lucru înseamnă să minţiţi despre dumneavoastră cuiva mai puternic sau mai influent.

Capitolul 7: Cunoa terea ca instrument de transformare

S e spune adesea că toți oamenii sunt narcisiști într-o anumită măsură, dar eu nu sunt de acord cu această viziune simplistă asupra umanității. Deși este adevărat că mulți sunt conduși de motive egoiste, înrădăcinate în nevoile de bază de reproducere, hrană și somn, acest lucru nu înseamnă că toată lumea operează la un nivel atât de scăzut de conștiință. Înseamnă doar că puțini sunt cu adevărat altruiști sau creativi. În esență, narcisiștii sau indivizii cu tulburare de personalitate narcisistă malignă, conduși de o nevoie compulsivă de putere și manipulare, prosperă deoarece lumea este alcătuită în mare parte din oameni la fel de obsedați de propriile lor nevoi. Este ca și cum ai zbura cu un zmeu în vântul egoismului. La fel ca zmeul, narcisistul este slab singur, dar suficient de inteligent pentru a reuși în acest mediu. Cu toate acestea, atunci când este confruntat cu cineva integru, tacticile sale eșuează și zmeul cade la pământ.

Prevalenţa răului în lume provine din egoismul, ignoranţa şi lipsa de empatie a majorităţii faţă de persoanele pline de compasiune. Atunci când oamenii dau vina pe liderii lor, ar trebui să reflecteze la propria lor ignoranţă, dependenţă de locurile de muncă controlate de aceste personalităţi, alegerea votului şi dependenţa de aceste personalităţi pentru a supravieţui. Atunci când oile au nevoie de un lup pentru a supravieţui, ele au coborât la cel mai de jos nivel şi nu se vor ridica până când nu se vor confrunta cu lupul. Acest principiu se aplică tuturor aspectelor vieţii.

Lipsa de interes a maselor faţă de persoanele cu o natură superioară, nu numai pentru poziţii de conducere, ci şi ca o necesitate pentru supravieţuire, este evidentă în defăimarea şi persecutarea oamenilor oneşti. Acest dezinteres se reflectă şi în alegerile lor de lectură, deoarece evită materialele care nu se potrivesc tacticilor lor de viaţă ofensive sau defensive. Majoritatea cărţilor populare răspund dorinţei egoului de a fi protejat, ignorând realităţile dure, sau de a cuceri fără empatie, oglindind perversiunile întâlnite în toate religiile şi perpetuate de adepţii lor.

Mi-a luat ceva timp să înţeleg natura umană, dar acum recunosc că aceasta include invidia, discriminarea, aroganţa şi egoismul. Oamenii resping ideea că cineva ar putea şti mai multe decât ei, chiar dacă acea persoană a petrecut zeci de ani meditând şi studiind filosofii religioase, pentru că se consideră superiori. Cu toate acestea, este o ironie divină faptul că Dumnezeu Îşi trimite adevărul prin cei pe care lumea îi respinge, deoarece, în aroganţa lor, nu îi recunosc pe mesagerii Săi, chiar şi atunci când aceştia oferă răspunsurile de care toată lumea are nevoie.

Aceşti oameni pot pretinde că se închină lui Dumnezeu, dar în realitate se închină lor înşişi. Conceptul lor de Dumnezeu este iluzoriu şi egoist, o reflectare a propriei lor fiinţe, iar ei denaturează totul pentru a-şi satisface nevoile egoiste. Acest lucru este evident atunci când le citim cărţile, în care informaţia este distorsionată pentru a satisface voinţa lor. Dacă susţinătorul unei filosofii religioase este încă în viaţă, atunci când este confruntat cu realitatea se manifestă, de obicei, o profeţie care se împlineşte singură.

Am observat recent acest lucru în articolele care criticau un guru modern: un lider spiritual tânăr, chipeş şi faimos. Personal, nu am nicio părere despre el sau despre alţii ca el, deşi le pot judeca cu uşurinţă nivelul de cunoştinţe. Ceea ce mă intrigă cel mai mult sunt adepţii săi, precum şi curiozitatea mea cu privire la proprii adepţi. Mulţi susţin că el îşi intimidează adepţii, îi insultă, se implică în comportamente sexuale abuzive şi alte perversiuni. Cu toate acestea, este exact ceea ce căutau atunci când s-au lăsat păcăliţi de o iluzie bazată pe aparenţe. Nimeni nu este mai înşelat decât persoana însăşi.

Aceşti oameni nu m-ar urma niciodată, pentru că ei caută un Iisus frumos, modern, care le zâmbeşte. Acest om este alb şi blond, le zâmbeşte, aşa că au obţinut ceea ce şi-au dorit. Ei cred că problema este cu gurul, dar problema este cu adepţii. În termeni simpli, un lider fără adepţi nu este cu adevărat un lider. El devine invizibil atunci când nu mai există nimeni sub conducerea sa. Oamenii îşi preţuiesc iluziile, iar mulţi lideri populari le spun exact ceea ce vor să audă, direcţionând greşit ura lor către o sursă externă pentru a-și exprima dezamăgirea interioară și frustrarea față de lipsa lor de înțelegere.

Poveștile despre culte și controlul minții sunt în cele din urmă despre o lipsă de discernământ. Nu poți spăla creierul cuiva care gândește eficient, are discernământ și analizează realitatea pe baza faptelor observabile, nu a aspectelor superficiale, așteptărilor, nevoilor personale și emoțiilor.

Capitolul 8: Pericolele dogmei

Majoritatea oamenilor se împotrivesc asumării responsabilității pentru alegerile lor, iar cei care urmează guru care nu cer această responsabilitate nutresc adesea o animozitate intensă față de mine. Ei merg atât de departe încât îmi doresc răul și chiar vor să mă ucidă cu pietre sau să mă răstignească. Dacă ar avea ocazia, ar putea chiar să mă ardă de viu. Această ostilitate apare pentru că îi oblig să își asume responsabilitatea pentru propriile convingeri. Obsesia lor pentru basme și misticism îi determină să disprețuiască pe oricine îi obligă să ia în considerare implicațiile unor astfel de atitudini. Am văzut acest tipar atât de des încât pot spune cu siguranță că natura umană nu s-a schimbat prea mult de-a lungul secolelor. Acest lucru este evident în problemele persistente ale rasismului, ale perversiunii religioase și ale obsesiei plăcerii împletite cu practicile religioase.

Scripturile hinduse, musulmane și creștine afirmă în mod explicit că Dumnezeu dezvăluie adevărul celor pe care îi alege și îl ascunde de cei pe care alege să îi țină orbi. Aceasta nu este doar o chestiune de credință, ci și de practică spirituală, ceea ce indică nevoia de înălțare morală înainte de a înțelege adevărul. Dacă munca mea este în conformitate cu acest principiu și dacă oamenii descoperă cuvintele mele după ce se roagă la Dumnezeu pentru răspunsuri, atunci îmi îndeplinesc scopul. În caz contrar, nu voi putea atinge proeminența altor lideri spirituali care au acumulat adepți și cititori.

La urma urmei, viața mea este influențată de deciziile altor oameni, iar masele adesea nu înțeleg adevărul. De aceea sunt prudent atunci când îmi analizez proprii adepți. Văd că atrag cele mai bune suflete și nu aș fi mândru să atrag o mulțime de proști. Pe de altă parte, mulți guru populari reflectă nivelul spiritual al majorității, dobândind faima prin satisfacerea fanteziilor acestora. Putem argumenta că ei reprezintă un nivel inferior de spiritualitate, dar, în realitate, adesea îi conduc pe oameni în direcția opusă.

În acest sens, trebuie să spun că mulți oameni care caută adevărul caută de fapt autodistrugerea lor. Am întâlnit multe dintre aceste persoane și sunt încă nedumerit de faptul că masele au încredere în ele și le idolatrizează ca și cum ar fi figuri divine. Un punct comun între aceste figuri este culoarea pielii lor; rareori văd pe cineva urmând un guru cu pielea închisă la culoare, cu excepția cazului în care este indian. Dintr-un motiv inexplicabil, oamenii din întreaga lume văd India ca pe o „fabrică de guru" și cred că doar cei din această regiune pot fi guru legitimi, cu excepția cazului în care sunt albi. Această perspectivă binară - bine și rău, adevărat și fals - reflectă un mod simplist de gândire adoptat de mulți oameni.

Una este să observi indivizi obișnuiți care urmează lideri rătăciți, și cu totul altceva să îi auzi citați într-un grup precum cel al rozicrucienilor. Această experiență mi-a confirmat convingerea că am fost înconjurat de ignoranţă. Nu particip la întâlnirile rosicruciene pentru a asculta prostii, dar asta explică de ce am întâmpinat atât de multă ostilitate din partea celor care promovează aceste idei. Ei nu au discernământul necesar pentru a distinge ideile mele de prostiile care sunt popularizate, ceea ce îi face incapabili să discearnă adevărul de minciună.

Pentru a ilustra, imaginaţi-vă-l pe Iisus intrând într-un templu şi văzând oameni închinându-se la o pictură făcută de un porc; aşa m-am simţit eu în acel moment. A fost confirmarea finală că mă aflam printre oameni ignoranţi şi că trebuia să plec. Până în acel moment, le tolerasem insultele prosteşti şi obsesia pentru ego-ul meu. Deşi nu-i pot cataloga pe rosicrucienii istorici drept nebuni, pot spune că multe ramuri moderne sunt incredibil de greşite, iar unele chiar merită acest titlu.

După ce am interacţionat cu membri ai Lectorium Rosicrucianum din diferite ţări, pot spune cu siguranţă că aceştia s-au îndepărtat mult de adevărata esenţă a rosicrucianismului. Fondatorul acestei mişcări a indicat că se va încheia după câteva decenii, iar eu mă întreb adesea dacă a început cu adevărat. Nu ar trebui să confundăm trecutul cu prezentul doar pentru că numele rămân aceleaşi. Informaţiile au fost fundamental corupte şi, în multe cazuri, deturnate, deoarece există puţină corelaţie între curentele antice ale misticismului şi interpretările contemporane. Atunci când masele îi idolatrizează pe cei rătăciţi, ele îşi corup propriile grupuri cu această ignoranţă şi îndepărtează indivizi ca mine cu judecăţile lor.

Indiferent de intenţiile fondatorilor multor grupuri oculte şi mistice, membrii acestora au distorsionat semnificaţiile originale. Acestea au fost pervertite, corupte şi transformate în ceva absurd. Există la fel de multă lumină în aşa-numiţii Illuminati moderni cum există noaptea într-un cuib de şerpi. Este mai înţelept să evităm aceste grupuri decât să intrăm în această groapă de absurdităţi, aroganţă şi ignoranţă absolută a textelor sacre care pot fi mai bine înţelese de noi înşine.

Pe de altă parte, este încurajator faptul că mulţi maeştri masoni se simt obligaţi să citească cărţile mele şi le găsesc utile pentru evoluţia lor. Îi respect pentru umilinţa cu care recunosc evidenţa şi pentru demnitatea cu care mi-o împărtăşesc, deoarece demonstrează o capacitate mai mare de a discerne adevărul decât indivizii rătăciţi pe care i-am întâlnit în rosicrucianism. Cu toate acestea, nu mă aşteptam să am atât de mulţi francmasoni printre adepţii mei. Deşi pot recunoaşte imediat absurdităţile din scrierile şi discursurile multor guru celebri - o abilitate pe care am avut-o întotdeauna - nu m-am aşteptat niciodată ca mulţi oameni religioşi să aleagă să mă insulte pentru că nu sunt de acord cu ei, în loc să aprecieze contribuţiile pe care le ofer. Reacţiile lor răutăcioase le dezvăluie adevărata natură şi amintesc de Evul Mediu, când indivizi ca mine se confruntau cu batjocura şi violenţa celor care erau ameninţaţi de adevăr.

Capitolul 9: Căutarea adevărului

Mulți oameni religioși m-au acuzat că am o problemă de ego sau că sunt narcisist. A insulta pe cineva care nu este de acord cu tine este ușor; nu necesită reflecție, admiterea erorii sau schimbare. Schimbarea unui grup de oameni din cauza unei singure persoane este puțin probabilă, dar te face să te gândești la starea lumii, unde nimic nu este așa cum pare. Sunt unic prin faptul că nu am mai întâlnit pe nimeni care să fi citit atât de multe texte religioase diferite și care să fie deschis față de oameni din diferite medii religioase.

Aș putea frecventa cu ușurință mai multe grupuri religioase simultan pentru a le înțelege perspectivele. Cu toate acestea, o persoană cu nivelul meu de cunoștințe consideră acest lucru o provocare, chiar dacă le respect opiniile și evit să menționez cărți din afara cercului lor acceptat. Deseori se enervează când folosesc propriile lor texte pentru a-i corecta. Acest lucru poate fi amuzant, ca atunci când îi tachinam pe scientologi spunându-le că greșesc conform unei anumite cărți. Ei căutau cartea, găseau pagina menționată de mine și nu înțelegeau nimic. Apoi le spuneam: „Nu puteți gândi singuri? Sunteți de acord sau nu sunteți de acord pe baza a ceea ce este scris, dar nu știți ce este scris sau de ce. Vreți să-mi spuneți ce este bine sau rău, dar nu știți cum. Aș putea schimba această carte și tu tot ai urma prostii".

Ei nu au înțeles niciodată argumentul meu, chiar dacă cărțile lor sunt pline de erori, o problemă comună tuturor religiilor. M-am abținut de la a face această glumă cu alte grupuri, deoarece deseori îi lipsește umorul bun. Cu toate acestea, am fost responsabil pentru faptul că mulți lideri au reevaluat cursuri vechi, subliniindu-le greșelile. Adesea, nu trebuia să le cunosc studiile, trebuia doar să folosesc bunul simț, care este atât de rar în toate religiile. De asemenea, i-am surprins pe mulți folosind cunoștințele religioase pentru a manipula și minți, distorsionând informații și falsificând citate. Rosicrucienii, în special, induc adesea în eroare prin traduceri, interpretări și atribuiri eronate. Totuși, acest lucru nu este la fel de flagrant ca interpretările complicate pe care creștinii le fac Bibliilor lor.

Expunerea acestor probleme nu a făcut decât să sporească ostilitatea față de mine. Nu s-a schimbat nimic; nimeni nu a fost exclus sau înlocuit. Cu toate acestea, am văzut suficient pentru a concluziona că problema se află în natura umană, nu în grupurile religioase. Dacă oamenii ar putea vedea aceste probleme, ele ar dispărea peste noapte. Cred că frica reală de existența extratereștrilor este frica de expunere. Oamenii se tem că greșelile și minciunile lor vor fi expuse de ființe mai avansate. Reacțiile la reîncarnare, telepatie sau karma provin din aceeași teamă. Oamenii disprețuiesc aceste subiecte deoarece expun ipocrizia și falsurile istorice.

De asemenea, am observat că unii oameni mă evită pentru că au impresia că le pot citi gândurile. Nu toată lumea gândeşte aşa, dar cei care gândesc aşa nu vor să mai fie niciodată în preajma mea. Citirea gândurilor nu ar trebui să fie o problemă, cu excepţia cazului în care persoana are gânduri perverse şi încearcă să manipuleze conversaţiile, ceea ce este comun în rândul celor care falsifică interacţiunile sociale şi ascund adevărul. Nu am nicio problemă cu faptul că cineva îmi citeşte gândurile, pentru că eu îmi exprim deschis gândurile. O fiinţă evoluată ar trebui să facă acest lucru, chiar dacă cei rău intenţionaţi îl consideră naiv. Problema este că majoritatea oamenilor nu îşi exprimă gândurile, aşa că mă evită pentru că eu o fac. Ei nu pot face faţă faptului că le verbalizez gândurile, ceea ce fac adesea.

Aceasta este realitatea: oamenii mint, evită adevărul şi îi atacă pe cei care îi expun. Ei sunt obsedaţi de ei înşişi şi nu le place adevărul. Cărţile ca a mea nu îi interesează, pentru că ei caută soluţii rapide care neagă responsabilitatea sau modalităţi de a-i manipula pe ceilalţi. Această mentalitate „eu împotriva celorlalţi" este incompatibilă cu stările mentale superioare, ceea ce face ca religia lor să fie demonică.

Viaţa oferă multe oportunităţi de a vedea realitatea, dacă eşti suficient de puternic pentru a o înfrunta. De-a lungul timpului, am văzut lucruri pe care nu mă aşteptam să le văd. În căutarea frumuseţii, am găsit multă urâţenie în locuri care pretind a fi spirituale. Acest lucru se aplică oamenilor pe care credem că îi cunoaştem şi cât de departe ne imaginăm că pot merge.

De exemplu, odată am cumpărat un bilet de avion din apartamentul unei foste prietene și i-am folosit imprimanta. Am găsit un dosar ciudat cu nume fără sens și l-am deschis. Înăuntru erau cărți despre spionaj, controlul minții, programare neurolingvistică și propriile mele cărți. Întotdeauna îmi respingea cărțile ca fiind prostii și fantezii, dar le copia în secret. De ce m-ar fi criticat și apoi mi-ar fi furat ideile? S-a întâmplat de mai multe ori. Mi-am dat seama că folosea informațiile pentru a-și îmbunătăți viața și am ajuns să deschid o afacere în Elveția bazată pe ele.

Capitolul 10: Alchimia min ii

Î n mintea unei persoane cu adevărat rele, utilitatea unui ciocan pentru construirea unei case este umbrită de potențialul său de distrugere. Ei îl văd ca pe un instrument pentru a face rău, la fel cum folosesc cărți importante cu intenții răuvoitoare. Oameni cu o natură malefică au folosit scrierile mele pentru a obține bogăția, dragostea și viața pe care și-o doresc. Mulți scriitori, la fel ca mine, au suferit din cauza faptului că au văzut prea multe, fără a intenționa vreodată ca munca lor să ajute oamenii cu intenții malefice. O mare parte din ceea ce s-a împărtășit a avut ca scop îmbunătățirea societății, dar oamenii buni dau adesea dovadă de bunătate excesivă, naivitate și ignoranță față de adevărata natură a celorlalți, sperând întotdeauna la bine, în timp ce cei mai răi se străduiesc să mânuiască ciocanele metaforice ale distrugerii.

Acesta este unul dintre motivele existenței societăților secrete. Cunoștințele lor nu au fost destinate celor răi, ci să fie folosite împotriva lor și pentru a îmbunătăți lumea. Cu timpul, însă, aceste persoane răuvoitoare s-au infiltrat ca niște paraziți în toate domeniile societății și sunt acum prezente în toate cercurile sociale şi în toate religiile. Prin însăşi natura lor, ei folosesc informaţii necunoscute majorităţii pentru a ruina vieţile altora.

În trecut, barbaria se manifesta prin atacuri asupra satelor de către cavaleri care jefuiau, ardeau, violau şi ucideau. Astăzi, acelaşi lucru se întâmplă cu un zâmbet, un costum şi cu sprijinul guvernelor şi al instituţiilor. Cele mai barbare şi malefice suflete reprezintă acum toate religiile, elitele sociale, universităţile şi instituţiile guvernamentale. Singura modalitate de a eradica această boală este de a pune capăt secretului şi de a demonta instituţiile religioase, nu cărţile lor, ci puterea lor instituţională. De fapt, cele mai secrete cărţi ar trebui să fie făcute publice şi accesibile tuturor.

Filmele şi programele de televiziune portretizează adesea cu acurateţe cruzimea umanităţii, reflectând obsesia noastră pentru astfel de reprezentări. Cu toate acestea, natura umană rămâne primitivă şi, cu multe personalităţi malefice la putere, într-o lume în care majoritatea nu citeşte şi nu caută adevărul, suntem mereu pe punctul de a regresa în Evul Mediu, ştergându-ne învăţătura colectivă, aşa cum s-a întâmplat cu oraşele antice uitate sau cu incendierea Bibliotecii din Alexandria.

Este dificil să înţelegi acţiunile fiinţelor umane, dar am învăţat că acestea sunt fundamental egoiste şi acţionează fără a ţine cont de ceilalţi. Compasiunea este rară. În consecinţă, scrierea unei cărţi şi suprimarea emoţiilor şi a amintirilor reprezintă o provocare. Trebuie să am grijă să nu menţionez ţări sau persoane care au fost prea ignorante pentru a prevedea consecinţele acţiunilor lor. Dar de ce ar trebui să mă autocenzurez pentru a ascunde realitatea pe care am trăit-o atunci când m-am confruntat cu răul altora? Dacă nu vă place ceea ce spun despre ei, despre grupul lor religios sau despre țara lor, nu ar trebui să vă implicați în astfel de acțiuni. Acest lucru ar trebui să fie ușor de înțeles, dar iresponsabilitatea și imaturitatea îi orbește cu scuze și justificări pentru faptele lor rele.

Apelăm adesea la psihologie pentru a înțelege natura umană, dar este fascinant să știm că aceasta a început ca o știință spirituală. Primii psihologi au fost preoți hinduși, șamani și lideri tribali care ofereau răspunsuri spirituale prin povești și legende. Odată cu instituționalizarea creștinismului și a altor religii, înțelepciunea percepută a acestor lideri a devenit crucială, iar regii au folosit aceste cunoștințe pentru a controla populația. Când psihologia a apărut ca o știință a sufletului, a negat acest lucru în timpul celui de-al Doilea Război Mondial, concentrându-se mai mult pe controlul populației decât pe vindecare.

Mulți dintre fondatorii psihologiei moderne credeau că pot reprograma personalitatea oricui prin experimente pe animale, deoarece nivelul cognitiv al majorității ființelor umane nu era avansat. Acești psihologi, de obicei din Germania nazistă sau Rusia sovietică, urmăreau să înlocuiască religia cu știința pentru a ajuta guvernele tiranice. În alte cazuri, cercetările vizau crearea unor soldați ideali. Ca urmare, o mare parte din psihologia de astăzi își are originea în studii psihologice și de programare de grup, inclusiv programarea neurolingvistică, care a devenit ulterior o știință separată.

Psihologia cunoscută publicului rămâne în urma cercetărilor militare și de informații. Publicul larg nu este conștient de controlul la distanță prin frecvențe radio și de implantarea de imagini prin intermediul smartphone-urilor şi al turnurilor Wi-Fi. Iniţiate de Dr. José Manuel Rodriguez Delgado în anii 1950, aceste cercetări continuă până în prezent, iar rezultatele rămân confidenţiale, în ciuda ameninţării la adresa drepturilor şi libertăţilor individuale. Inteligenţa artificială exacerbează această ameninţare, deoarece AI se poate adapta în funcţie de răspunsurile individuale şi ajunge să îl învingă pe cel mai bun jucător de şah din lume la învăţare.

Capitolul 11: Interconectarea tuturor fiinţelor

Pe măsură ce ştiinţele minţii şi ale controlului maselor au devenit formalizate şi au avut un succes relativ, guvernele din întreaga lume au început să examineze rezultatele, iar instituţiile private cu interese personale au început să finanţeze universităţile pentru studii care să le aducă beneficii. Astăzi, se poate spune că majoritatea profesorilor de neurologie, psihiatrie şi psihologie servesc interesele corporaţiilor, nu ale publicului. Nu este surprinzător faptul că persoanele care suferă de boli mintale sunt adesea tratate cu medicamente, mai degrabă decât vindecate. În societatea actuală, medicaţia este considerată un leac, deoarece o societate sănătoasă nu generează profituri. Pe de altă parte, o societate deprimată este mai predispusă să consume şi să cheltuiască bani, ceea ce aduce beneficii comerţului, sistemului bancar şi sectorului medical. Se formează asociaţii în jurul diferitelor boli mintale, care sunt perpetuate pentru a justifica problemele sociale nerezolvate.

De la apariţia telefoanelor inteligente, problema bolilor mintale a fost exacerbată, deoarece oamenii sunt influenţaţi în permanenţă, fără să-şi dea seama, de cuvintele pe care le folosesc şi de acţiunile pe care le întreprind. Totul este înregistrat de un dispozitiv pe care îl poartă cu ei peste tot. Tirania nu este necesară dacă oamenii permit acest nivel de supraveghere în casele lor şi în viaţa lor privată.

Acest lucru nu înseamnă că psihologia nu are nicio valoare, dar valoarea sa constă în ceea ce testează, nu în metodele utilizate. Examinarea testelor psihologice prin prisma principiilor antice arată că acestea au la bază comportamentul tribal şi religiile antice. Sigmund Freud, de exemplu, şi-a derivat ideile despre subconştient din scripturi hinduse vechi de peste cinci mii de ani. Aceşti pseudo-ştiinţifici trebuiau să înceapă de undeva, iar examinarea credinţelor noastre ca rasă planetară a fost abordarea lor aleasă, deşi a dus omenirea într-o direcţie mai degrabă perversă decât înălţătoare. Mulţi oameni de ştiinţă pot crede că ridică omenirea cu teoriile lor, dar experienţa arată că oamenii cu standarde morale scăzute nu pot ridica nivelul moral al celorlalţi. Majoritatea psihologilor şi psihiatrilor pe care i-am întâlnit au renunţat la ideea de a-i ridica pe ceilalţi pentru că ştiu din studii statistice că acest lucru este foarte dificil şi nu este recompensat din punct de vedere financiar, deoarece societatea pune mai mult preţ pe bani decât pe valori pe care majoritatea oamenilor nu le preţuiesc.

Pentru a face din psihologie o ştiinţă fiabilă, aceşti pseudoştiinţifici, în căutarea sufletului fără a-l recunoaşte, au început să formuleze teorii despre comportamentul uman. Ei au formulat teorii, au comparat rezultatele şi au dezvoltat mai multe teorii. Credibilitatea psihologiei a venit din controlul variabilelor şi din analiza unor grupuri suficient de mari sau din utilizarea animalelor. Astfel, o mare parte din ceea ce psihologii cred astăzi că este adevărat provine din studiul șobolanilor, porumbeilor sau câinilor.

Sistemul educațional de pedeapsă și recompensă, cu teste și note, se bazează în esență pe studiile lui Pavlov cu câini. În alte cazuri, populațiile vulnerabile au fost studiate cu o compensație minimă. De asemenea, nu este cunoscut faptul că psihiatrii și-au folosit adesea pacienții în experimente, formulând teorii absurde și bazându-și concluziile pe acestea. Acest lucru a dus la metode precum lobotomia sau terapia cu electroșocuri, printre alte practici nebunești.

Este corect să spunem că aceste profesii atrag unele dintre cele mai instabile personalități din societate, iar concluziile lor sunt adesea nebunești și ridicole. Cu toate acestea, având în vedere că aduc beneficii guvernelor și corporațiilor, ar putea fi nevoie de secole sau de un colaps social pentru a realiza că psihologia și psihiatria sunt frauduloase la o scară devastatoare, planetară. Psihologia de astăzi este valabilă doar în măsura șobolanilor de laborator pe care îi studiază, ceea ce înseamnă că are sens doar dacă te consideri un șobolan. Dacă motivațiile tale în viață sunt sexul, somnul și mâncarea, psihologia și multe cărți care răspund instinctelor noastre pot avea sens pentru tine. Masele, obsedate de validare, tind să fie mai interesate de teoriile care se aliniază cu viziunile lor iluzorii despre viață.

Capitolul 12: Dincolo de materialism

O rice carte care sugerează că apatia este benefică, că indivizii nu trebuie să își asume responsabilitatea pentru acțiunile lor, că Dumnezeu sau karma sunt iluzii sau că mâncarea este cel mai important aspect al vieții - mai ales cărțile de rețete - vor fi întotdeauna populare în rândul maselor. Aceste teorii ne spun multe despre ceea ce nu ar trebui să facem ca ființe umane, dar în cele din urmă ele servesc doar intereselor companiilor farmaceutice. Acesta este motivul pentru care mulți psihologi sunt mai pierduți decât pacienții lor și recurg la practici mai puțin fiabile.

Am întâlnit mai mulți psihologi care încorporează divinația și alte arte mistice în terapiile lor, crezând cu adevărat că aceste prostii au la fel de multă valabilitate ca studiile lor academice. Am întâlnit odată un psiholog care pretindea că folosește runele pentru a înțelege viața, ceea ce părea la fel de rezonabil ca studiile sale postuniversitare în psihologie. Potrivit ei, runele erau foarte utile.

Când o persoană are probleme psihice, mă întreb ce o atrage spre aceste practici. Este ca și cum te-ai aștepta ca un câine să scrie poezii apăsând butoane cu cuvinte. Deși este o idee frumoasă, câinele trebuie să fie mai evoluat decât tehnologia pe care o folosește pentru a produce ceva original. Cu alte cuvinte, acest lucru este puțin probabil să se întâmple; psihologia va rămâne întotdeauna o pseudoștiință fundamental dogmatică, cu o atitudine puternic religioasă față de societate. Văd acest lucru la studenții dumneavoastră, care, în ciuda cunoștințelor lor limitate, presupun adesea că știu mai multe decât mine, în ciuda experienței mele de peste douăzeci de ani în domenii pe care psihologii abia le pot înțelege.

Am încetat să mai lucrez cu dificultățile de învățare atunci când am observat o creștere semnificativă a influenței psihologilor. Aceștia se opuneau metodelor mele naturale, manifestau un dispreț absolut față de rezultatele mele - succese de aproape 100% în comparație cu eșecurile lor constante - nu erau interesați să învețe de la mine pentru că acest lucru le contrazicea convingerile și adesea își foloseau titlurile pentru a câștiga credibilitate socială în contrast cu munca mea, care era devalorizată de mulți.

Copiii cu care am lucrat au recunoscut că metodele mele naturale, care foloseau jucării și jocuri, îi ajutau să învețe într-un mod mai plăcut, spre deosebire de medicamentele și alte tehnici educaționale fără bucurie, care dăunează creierului, folosite de psihologi. Nu puteam lucra cu copii drogați, care erau predispuși la reacții violente din cauza tratamentelor pe care le primiseră. Din acest motiv, mi-am părăsit locul de muncă și am căutat alte oportunități.

Acești copii înțelegeau că îi ajut cu adevărat; își puteau vedea inteligența crescând, dar părinții lor rătăciți le-au interzis să folosească metodele mele și i-au obligat să ia medicamente și să se supună unor exerciții plictisitoare și inutile. Cu toate acestea, nu putem schimba societatea dacă oamenii sunt prea ignoranți pentru a accepta schimbarea sau pentru a permite ca aceasta să fie implementată de generațiile viitoare. Ne putem schimba doar pe noi înșine și putem învăța să acceptăm societatea așa cum este.

De atunci, am asistat la o multitudine de absurdități promovate de psihologi. De exemplu, un psiholog din Spania a predat empatia prin intermediul jocurilor Lego, în timp ce un altul din Portugalia a încurajat oamenii să danseze cu cosmosul, unde participanții au închis ochii și s-au lăsat pur și simplu purtați de curent. În Lituania, am întâlnit psihologi care foloseau rune și cărți de tarot în practica lor, iar unii chiar au organizat seminarii despre violența domestică care promovau o ideologie a urii față de bărbați fără nicio bază faptică sau logică. Ceea ce mă surprinde cel mai mult în legătură cu aceste experiențe este că, ori de câte ori îi întreb pe acești oameni despre practicile lor, ei devin defensivi și furioși, susținând adesea că nu am credință. Acest lucru este fascinant deoarece seamănă cu o religie deghizată în practică psihologică, în care punerea la îndoială a credibilității metodelor sale este întâmpinată cu ostilitate, ca și cum ar fi o dogmă bazată pe credință oarbă.

Dacă ar fi să cereți unei persoane cu o boală mintală gravă să conceapă o terapie, bănuiesc că ideile sale ar fi foarte asemănătoare cu cele ale acestor presupuși psihologi. Cu toate acestea, deoarece oamenii respectă autoritatea, tot ce trebuie să faceți este să pretindeți că sunteți un psiholog sau psihiatru autorizat, indiferent de înțelegerea reală a minții umane, și veți fi ascultat și urmat.

Dacă obțineți rezultate acolo unde psihologii eșuează, oamenii vă vor atribui succesul norocului, nu cunoștințelor superioare și informațiilor fiabile. Această dinamică explică de ce este atât de dificil să rezolvi problemele lumii. Nu este posibil să fii onest și să eviți realitatea în același timp, iar oamenii se bazează prea mult pe figurile de autoritate pentru a gândi critic. În plus, de ce să lupți pentru credibilitate într-o realitate care favorizează proștii?

Capitolul 13: Trezirea la o con tiin ă superioară

A spune adevărul necesită adesea curajul de a risca să sune ofensator; altfel, nimeni nu va asculta şi nu va exista niciun adevăr de împărtăşit. Iisus i-a numit pe aceşti oameni „pietre", lăsând să se înţeleagă că sunt prea ignoranţi pentru a planta idei şi a se aştepta la rezultate fructuoase. În mod similar, Buddha i-a descris ca fiind „ne treziţi", un termen care poate fi interpretat ca fiind în moarte cerebrală, deşi a fost înţeles conform înţelegerii adepţilor săi. Interpretările moderne ale acestui concept includ termeni precum „prost", „retardat" şi „idiot", reflectând o perspectivă mai exactă din punct de vedere ştiinţific. Osho a folosit chiar termenul „retardat" pentru a exprima faptul că nu se poate aştepta ca majoritatea să fie civilizată sau să înţeleagă conceptul de democraţie.

Această stagnare intelectuală este evidentă în cercetarea psihologică, mai ales atunci când este analizată prin prisma filosofiilor străvechi precum hinduismul. Scripturile hinduse oferă descrieri bogate şi detaliate ale modului în care indivizii ignoranţi gândesc şi se comportă. Aceste cunoştinţe, scrise cu peste cinci mii de ani în urmă, pot fi observate şi astăzi. Prin urmare, etichetarea majorităţii drept „înapoiată" şi „proastă" corespunde realităţii. Nu poţi evolua fără o viziune clară a adevărului. Dacă acest lucru îi ofensează pe unii oameni, este doar o consecinţă a confruntării cu adevărul. Cu toate acestea, dacă vă jigneşte, poate indica o lipsă de discernământ.

Pentru cei care sunt profund ignoranţi sau instabili mintal, realitatea poate fi destul de ofensatoare. O persoană care nu învaţă, nu citeşte şi exprimă idei absurde fără bun simţ este, într-o măsură semnificativă, atât ignorantă, cât şi nevrotică. Ignorarea faptelor vieţii poate duce la nebunie. Iubirea, creativitatea şi legătura cu tărâmul spiritual apar doar după ce comunicarea a fost stăpânită. Acesta este motivul pentru care mulţi oameni au dificultăţi cu aceste concepte, deoarece tind să evite realitatea. Majoritatea oamenilor nu dispun de abilităţi eficiente de comunicare şi empatie şi se concentrează în schimb pe căutarea validării externe. Multe probleme globale provin din această ignoranţă, deoarece oamenii se comportă iraţional din cauza lipsei bunului simţ.

Clasificarea acţiunilor acestei majorităţi drept „normale" este chiar mai dăunătoare decât nerecunoaşterea adevăratei lor naturi. Atunci când psihologia normalizează acest comportament, exacerbează situaţia, deoarece multe probleme de sănătate mintală sunt în esenţă probleme sociale. Etichetându-le ca fiind normale, eliminăm nevoia de responsabilitate proactivă şi de răspunsuri conştiente. Este normal să te simţi deprimat în preajma persoanelor psihotice şi nevrotice, deoarece acestea îţi pot diminua sentimentul de competenţă. Este obişnuit să te simţi frustrat şi deprimat atunci când trăiești cu astfel de persoane. Cu toate acestea, a le accepta ca fiind normale înseamnă a risca să cazi într-o stare de disperare.

Când Isus a spus: „Iartă-i, Tată, pentru că nu știu ce fac" (Luca 23:34), a subliniat ignoranța oamenilor cu privire la consecințele acțiunilor lor. Această ignoranță provine dintr-o abordare egocentrică. Evenimente istorice precum Inchiziția oferă nenumărate exemple de interese personale care eclipsează adevărul, inclusiv execuția lui Giordano Bruno în 1600 pentru negarea divinității lui Hristos, a virginității Mariei și a doctrinei transsubstanțierii, precum și pentru credința sa în pluralitatea lumilor, pentru susținerea modelului heliocentric și pentru opiniile sale panteiste. Ideile și scrierile sale, în special teoriile sale cosmologice și opiniile sale filosofice, au fost considerate incompatibile cu învățăturile Bisericii Catolice din acea vreme.

Este posibil ca aceste execuții publice să fi învățat masele că este mai important pentru supraviețuirea lor să asculte opiniile altor persoane decât să spună adevărul, ceea ce a condus la autocenzură. În plus, oamenii au adesea un comportament inadecvat și nutresc resentimente față de cei care îi corectează. Astfel de acțiuni sunt înrădăcinate în ego și sunt conduse de frică. Prin urmare, atât dorința de a face bine pentru a obține respect și aprobare, cât și teama de a fi corectat sunt motivate de un impuls egocentric, determinat de frică. La urma urmei, nu este scopul egoului de a garanta supraviețuirea individuală?

Problema centrală nu este existența în sine, ci utilizarea ei abuzivă. Masele prezintă adesea simptome de schizofrenie paranoidă din cauza temerilor exagerate legate de lumea reală. Ele se tem de moartea violentă, cum ar fi decapitarea, spânzurarea, arderea sau tortura, care rămâne o posibilitate în multe regiuni. Această frică imaginară de moarte îi controlează deoarece recunosc că a vorbi ar putea avea consecințe teribile, declanșând un mecanism natural, deși inconștient, de autoapărare.

Acest lucru ne determină să recunoaștem că, deși masele pot părea ignorante, ele posedă, de asemenea, o formă de inteligență determinată de obsesia lor pentru supraviețuire. Cu toate acestea, este important să analizăm modul în care concep supraviețuirea. Cu cât un individ este mai ignorant, cu atât este mai probabil să vadă supraviețuirea mai degrabă ca un instinct de turmă decât ca o strategie de viață proactivă. Această strategie necesită lectură, învățare și adaptare, dar mai presus de toate necesită o luptă zilnică împotriva subconștientului care ne reamintește constant de mortalitatea noastră.

Pentru a rămâne sănătos, trebuie să vă confruntați instinctele de supraviețuire și să vedeți moartea ca pe o cale către libertate. Această confruntare este necesară înainte de a face față urii, invidiei, calomniei și chiar violenței fizice a altora. Iertarea propriilor dușmani, așa cum a fost instruit de Hristos, devine nu doar o obligație, ci un răspuns conștient înrădăcinat în înțelegerea noastră a condiției lor inerente. Această înțelegere sugerează că adevărata blasfemie constă în a susține că Iisus a murit pentru păcatele noastre. Mai mult, folosirea crucii ca simbol al unei religii a iubirii și, în același timp, reamintirea oamenilor de consecințele faptului de a vorbi este o a doua blasfemie.

Capitolul 14: Puterea compasiunii

Atitudinea eretică a creştinismului modern faţă de creştinismul adevărat şi original poate fi rezumată astfel: un om este pedepsit pentru că vorbeşte prea mult, iar cei care pun la îndoială dogmele stabilite şi pun întrebări incomode internalizează consecinţele în subconştientul lor, simbolizate de crucea omniprezentă. Ca urmare, concepte precum iertarea şi iubirea sunt distorsionate; în loc să promoveze înţelegerea a ceea ce constituie răul, ele ne sufocă capacitatea de a gândi critic, ducând la o creştere a resentimentelor şi a atitudinilor lipsite de iubire faţă de oamenii de alte religii, credinţe şi culturi. Biblia este rareori pusă la îndoială, iar textele şi filosofiile gnostice, chiar şi atunci când sunt descoperite, sunt în mare parte ignorate. Acest lucru duce la subjugarea completă a unor întregi grupuri de oameni.

Dar putem merge mai departe? Cu siguranţă, după cum demonstrează Martorii lui Iehova şi tacticile lor de control al minţii. De fapt, religiile care folosesc cele mai eficiente metode de control primesc de obicei cele mai multe fonduri şi cercetări. Adepţii lor devin obiecte ale experimentelor unor agenţii precum CIA. Chiar şi KGB-ul s-a arătat foarte interesat de practicile religioase care promovau viața în „acum", suprimând gândirea și eliminând gândirea critică.

Indivizii din grupurile religioase manifestă adesea egoism, egocentrism și ipocrizie, ceea ce îi face potențial periculoși și instabili mental. Acest conflict intern poate duce cu ușurință la lupte pentru putere. Vedem acest lucru clar atunci când guvernele naționaliste exploatează problemele legate de religie, rasism și imigrație pentru a-și justifica incompetența sau pentru a obține sprijin pentru agendele lor politice. Un exemplu excelent este consecința atacurilor de la 11 septembrie, care a condus la o poveste globală care a justificat uciderea a milioane de oameni nevinovați din Orientul Mijlociu, înlocuirea liderilor lor și distrugerea economiilor lor. Din acel moment, orice persoană cu pielea închisă la culoare a fost adesea etichetată drept terorist, în ciuda dovezilor că clădirile au fost distruse prin demolare controlată, așa cum susțineau mulți experți.

Pentru a manipula și mai mult sentimentul public, la televizor au fost difuzate imagini grafice cu decapitări comise de organizații teroriste, întărind ideea că persoanele cu pielea închisă la culoare de diferite religii reprezintă o amenințare la adresa siguranței publice. În urma acestor evenimente, nenumărați migranți din Orientul Mijlociu au fost trimiși în Europa și Statele Unite, asigurându-se că mecanismul fricii rămâne viu în psihicul colectiv și distragând atenția oamenilor cu retorică rasistă, în loc să abordeze agendele politice subiacente.

Anii au trecut, nenumărați oameni nevinovați au murit, dar admiterea faptului că aceste evenimente au făcut parte dintr-o conspirație care a implicat CIA și Mossad este adesea considerată ridicolă. Cei care spun acest adevăr sunt ridiculizați și insultați, deoarece ar fi prea dureros pentru ego să își recunoască propria ignoranță. Am repetat aceste cicluri de comportament atât de mult timp încât a devenit extrem de ușor să controlăm acțiunile a miliarde de oameni. Oamenii au rareori neîncredere în figurile de autoritate și sunt din ce în ce mai dispuși să moară pentru politicienii lor, chiar să fie uciși de aceștia. Același lucru este valabil și în cazul medicilor, care sunt mai predispuși să facă rău și să scape de consecințe decât criminalii obișnuiți. Acest lucru este evident atunci când recomandă tratamente contrare celor pe care ar trebui să le primească pacienții, grăbindu-le moartea.

Chiar și atunci când afirmațiile mele produc rezultate, oamenii nu sunt convinși că acestea reprezintă cursul corect de acțiune, deoarece au dificultăți în a gândi clar și se bazează pe figuri autoritare pentru orientare. Jurnaliștii, în ciuda lipsei lor de cunoștințe științifice, exercită, de asemenea, o influență considerabilă. De exemplu, atunci când știrile relatează că zahărul este dăunător sănătății, oamenii îl elimină, în general, din alimentația lor. Ca urmare, companiile care se bazează pe zahăr în produsele lor încep să piardă profituri și se grăbesc să plătească mass-media pentru a schimba povestea, folosind adesea cercetări finanțate de acestea pentru a manipula rapoartele privind cauzele diferitelor boli. Oamenii care nu gândesc aud mesajul opus: „Zahărul, în cantități optime, crește nivelul de energie și îmbunătățește starea de spirit atunci când este consumat la micul dejun".

Acest lucru creează ceea ce psihologii numesc disonanță cognitivă. Cu toate acestea, din cauza gândirii binare condiționate de sistemul educațional - în care un răspuns trebuie să fie greșit pentru ca celălalt să fie corect - oamenii devin confuzi.

Cum rezolvă oamenii această dilemă? O vedem în fiecare zi. Ei pun problema „nu înțeleg" în cutia „fericire" din mintea lor. Ei se conving că totul poate fi bun sau rău pentru sănătate, în funcție de perspectiva fiecăruia, și că până și medicii se pot înșela. Sănătatea devine astfel relativă la diverse influențe, fără ca un singur factor să fie cauza bolii. Această teorie este adesea repetată chiar de medici. În acest fel, ei se confruntă cu două probleme în același timp: protejarea ego-ului lor de a greși și protejarea locului de muncă în cazul unei greșeli care ar putea dăuna unui pacient. Aceasta conduce la convingerea că toate bolile sunt determinate de genetică sau de soartă, și nu de alimentație. Orice medic sau dentist care are această părere este probabil un mincinos. În general, aceștia mint pentru a-și proteja locul de muncă, deoarece nu pot exprima o perspectivă alternativă.

Capitolul 15: Iluzia separării

Ideologiile care promovează fericirea absolută fără responsabilitate și relativitatea adevărului sunt populare deoarece îi exonerează pe indivizi de responsabilitate, inclusiv pe cei care comit infracțiuni, facilitând în același timp utilizarea minciunilor în scopuri lucrative. Deși presupunem adesea că oamenii au bun simț, studiile privind moralitatea umană, în special cele realizate de Lawrence Kohlberg la Universitatea Harvard, arată că prostia sau interesul personal nu sunt sinonime cu bunul simț. Prin urmare, nu cred că oamenii se tem cu adevărat de existența extratereștrilor, indiferent dacă aceștia seamănă cu reprezentările grotești din filme sau reprezintă o amenințare la adresa planetei cu arme avansate. În adâncul sufletului, de ceea ce se tem cu adevărat oamenii este de posibilitatea de a fi ca orice altă ființă umană de pe Pământ, încercând să promoveze pacea prin bun simț și conștiință superioară.

Adevărul este ceea ce îi sperie cel mai mult pe oameni, deoarece amenință să le demonteze realitatea percepută. Poate că aceasta este cea mai terifiantă perspectivă pentru o planetă plină de suflete confuze: posibilitatea apariției unui individ mai rațional care să le înlocuiască fanteziile cu fapte. Putem vedea acest lucru în tratamentul contrastant acordat autorilor populari, care împărtăşesc opinii personale, şi oamenilor de ştiinţă, care prezintă dovezi empirice. Un autor populist poate exprima opinii ilogice care nu au prea mult sens, dar oamenii le acceptă şi chiar îi împărtăşesc cuvintele la adunările religioase. Ei vor cu disperare să creadă ceea ce spune el, ceea ce mi se pare profund ofensator pentru fondatorii religiilor respective, mai ales atunci când aceste grupuri încearcă să reprezinte filosofii antice, ca în cazul rozicrucienilor.

Pe de altă parte, un om de ştiinţă discută sute de articole ştiinţifice pe teme conexe şi îşi împărtăşeşte experienţele personale ca psiholog clinician, dar este criticat atunci când nu se conformează iluziilor maselor.

În plus, mulţi autori populari pledează pentru ignorarea ego-ului, o noţiune care nu este coerentă. Ignorarea sentimentului de sine împiedică individul să discearnă ce constituie sinele şi ce nu, împiedicându-i călătoria către o conştiinţă superioară. Acest comportament, care elimină sursa conştiinţei din ecuaţia vieţii, poate duce la nebunie. În consecinţă, toţi oamenii care aderă la aceste principii prezintă semne de instabilitate mentală. Ei au dificultăţi în a distinge între acţiunile bune şi cele rele, deoarece au căzut în capcana de a crede că ego-ul este intrinsec greşit, o concepţie greşită comună în rosicrucianismul modern, în special în Lectorium Rosicrucianum.

Scriitorii responsabili subliniază necesitatea ca indivizii să îşi asume o mai mare responsabilitate pentru viaţa lor, ceea ce contrastează puternic cu mesajele greşite propagate de autorii populari. Persoanele leneşe şi egocentrice resping în general credibilitatea teoriilor bazate pe practica clinică. Ca urmare, asimilează argumente care le permit să evite responsabilitatea şi gravitează în jurul aceloraşi cărţi pe care le vor citi şi urma religios. Utilizarea unor titluri precum „rosicrucian" sau „francmason", care invocă ritualuri şi practici străvechi, serveşte ca o stratagemă inteligentă pentru a-i face pe oameni să accepte o mulţime de prostii şi să se simtă speciali. Adevărul este că, dacă aceste grupuri ar avea nume de care nimeni nu ar fi auzit vreodată, probabil că nu ar atrage adepţi şi poate nici nu ar exista.

Aceste grupuri sunt frauduloase. Nu îndeplinesc nici cele mai elementare standarde de decenţă, deoarece membrii lor sunt prea egocentrici pentru a se purta civilizat unii cu alţii. Am fost şocat de nivelul de ignoranţă, grosolănie şi insulte întâlnite. Simpla lor existenţă este un afront la adresa numelui lor, dar ei văd problema în mine, incapabili să îşi vadă propriile greşeli. Ori de câte ori participam la întâlniri cu membri ai Lectorium Rosicrucianum, aceştia se concentrau pe ego şi gândire. Ei spuneau: „Ai prea mult ego, iar egoul este rău" şi „Gândeşti prea mult". Cu toate acestea, niciunul dintre ei nu-şi putea explica clar argumentele, ceea ce arată lipsa lor de înţelegere a ego-ului şi a minţii. Ei erau obsedaţi de presupuneri false şi trăiau într-o lume fantastică. Promovau citate absurde din Eckhart Tolle şi Paulo Coelho la întâlnirile lor, ca şi cum ar fi fost simple distracţii.

Rosicrucienii moderni au prea puţin de-a face cu rosicrucianismul autentic, cu atât mai puţin cu o filosofie care apără raţiunea. Ei şi-au însuşit titulatura altor grupuri pentru a se promova, o practică obişnuită în rândul multor creştini care au puţine legături cu creştinismul dincolo de Biblie, pe care o reinterpretează conform propriilor opinii, fără a se abate vreodată de la doctrinele stabilite de Conciliul de la Niceea. Ar fi ca şi cum aş lua toate scripturile hinduse, le-aş traduce diferit şi apoi aş pretinde că sunt fondatorul unei noi ramuri a hinduismului. Oamenii nu văd nimic greşit în acest comportament şi mă nedumereşte faptul că nu-şi pot vedea propria greşeală. Am întâlnit un număr incredibil de oameni imaturi şi ignoranţi în contexte religioase. Ceea ce este cu adevărat înspăimântător este atunci când ei ascund aceste adevăruri în spatele unei faţade de o răutate extremă.

Capitolul 16: Călătoria către autorealizare

Atunci când vă angajați într-un dialog deschis cu cineva care nu este de acord cu dumneavoastră, nu sunteți egocentric, ci realist și analitic. Această abordare îi sperie adesea pe oamenii cu o mentalitate delirantă. Permițând conversației să vă sporească înțelegerea, îi iritați pe cei care preferă să trăiască într-o lume fantastică în spatele măștilor sociale. Atunci când cealaltă persoană încearcă să te convingă că greșești și își ignoră propriul egocentrism, ea nu este utilă sau autentică; în schimb, încearcă să te tragă în jos la un nivel la care să poată exercita control asupra ta. Acesta este motivul pentru care recurg la insulte nefondate și denaturează faptele. Am observat că această atitudine este comună în multe grupuri spirituale, rosicrucienii, francmasonii și creștinii fiind printre cei mai înșelători.

Prefer să am de-a face cu o persoană ignorantă decât cu un ipocrit care minte pentru a mă manipula, ceea ce este comun în aceste grupuri. Martorii lui Iehova, în special, arată ca personajele unui film de groază atunci când minciunile lor sunt expuse. Cu toate acestea, nu este dificil să expui minciunile oricărei religii atunci când recunoști hotărârea lor de a pune opinia înaintea faptelor sau chiar a propriilor texte. Argumentele oricărei religii pot fi ușor demontate prin examinarea istoriei sale și a manipulării și interpretării greșite a propriilor scripturi. Persistența acestor credințe se datorează în mare măsură lipsei semnificative de inteligență a membrilor lor, dintre care mulți dau dovadă de imaturitate.

Prin prioritizarea interpretărilor propriilor cărți în detrimentul discuției faptelor, acești indivizi dezvăluie un handicap de învățare și o incapacitate profundă de a se confrunta cu acesta. Dogma nu ar putea exista fără nebunia care o susține. Acest lucru este atât de evident încât ei pot simți de la distanță o persoană cu o vibrație mai înaltă și devin obsedați să o elimine din grupul lor pentru că nu se simt confortabil cu ea. Aceste persoane își maschează adesea deficiențele cu un fals sentiment de superioritate morală pe care de fapt nu îl posedă. Acest lucru este evident atunci când își dau seama că ei eșuează în fiecare argument pe care îl aduc, în timp ce eu am întotdeauna dreptate în afirmațiile mele, chiar și fără să încerc.

Mai rău, faptul că am scris cărți pentru a-i lumina pe ceilalți oameni îi face să se simtă inferiori, ceea ce le alimentează animozitatea împotriva mea. Acest lucru arată că sunt neserioși și neinteresați de bunăstarea omenirii; sunt concentrați doar pe obținerea unui avantaj față de ceilalți. Ei nu pot accepta realitatea că am mai multe cunoștințe decât ei, că nu am nevoie de ei și că educ lumea cu privire la adevăruri mai înalte, deoarece acest lucru le înfurie demonii interiori. În consecință, ei încearcă să-mi discrediteze munca susținând că i-am copiat sau că mi-am obținut cunoștințele de la un alt grup sau din surse mistice, cum ar fi înregistrările Akashic sau prin comunicarea cu morții. Ei manifestă aceeași atitudine disprețuitoare față de oricine are intenții edificatoare, inclusiv față de cei care practică activități benefice pentru sănătatea fizică, cum ar fi yoga.

Rosicrucienii sunt unii dintre cei mai ridicoli și ignoranți oameni pe care i-am întâlnit vreodată. De asemenea, dau dovadă de un nivel uimitor de rasism, ceea ce este deosebit de uimitor pentru cei care declară că cred în reîncarnare și pretind că au obținut o mare parte din cunoștințele lor din vechile școli de mistere egiptene și din scrierile gnostice din Orientul Mijlociu. Dar poate un copac care bea dintr-un lac otrăvit să dea roade dulci? Aceste persoane sunt consumate de energii întunecate și îmi vor refuza întotdeauna respectul pe care îl merit. Recunoașterea valorii mele le-ar cere să își ceară scuze și să dea dovadă de umilință, ceea ce este în contrast puternic cu aroganța lor extremă. Este curios faptul că mă acuză că am o problemă de ego și, în același timp, își exprimă dorința de a învăța de la mine și de a înțelege ceea ce scriu, dezvăluind că aroganța lor depășește nivelurile normale.

Îi subestimează pe ceilalți în timp ce râvnesc la ceea ce au ei, ceea ce fac tocmai atunci când își însușesc numele unor grupuri istorice care nu mai există. Acest comportament reflectă cel al unui narcisist: îi critică pe alții în timp ce le fură identitatea și cunoștințele. În esență, ei sunt egoiști, întruchipând chiar forțele întunecate pe care le resping. Persoana obișnuită nu are suficiente informații pentru a se descurca în aceste absurdități, ceea ce o face o victimă ușoară a cuvintelor altora. Dacă ai aceleași cunoștințe ca mine, vei face lumină în mod inevitabil asupra întunericului celorlalți, ceea ce te poate duce la concepția greșită că insultele pe care le primeşti te fac inferior, când, de fapt, contrariul este adevărat. Cu cât veţi deveni mai conştienţi, cu atât veţi fi mai urâţi.

Asta nu înseamnă că nu vor încerca să îşi însuşească cunoştinţele tale; aşa se comportă oamenii invidioşi. Mulţi francmasoni îmi citesc cărţile, dar preferă să păstreze distanţa. Acelaşi lucru este valabil şi pentru membrii şcolilor rosicruciene, care evită să aibă de-a face cu mine, dar monitorizează constant ceea ce scriu şi public online. Etichetele pe care şi le dau religiile sunt înşelătoare, pentru că toate sunt false şi controlate de practici bolnave şi de nenumăraţi psihopaţi. Nu există creştinism, rosicrucianism, scientologie, budism sau francmasonerie în formele lor adevărate. Toate acestea sunt o insultă totală la adresa fondatorilor lor. Nici o religie nu este mai mult decât pretinde a fi.

Asta nu înseamnă că ele nu vor evolua în tacticile lor înşelătoare. Am întâlnit mulţi creştini care se prefac că sunt prieteni doar pentru a pune întrebări specifice şi apoi împărtăşesc răspunsurile mele cu congregaţiile lor, fără a-mi acorda vreodată credit, totul pentru a-şi îmbunătăţi propria imagine. Nu este îngrozitor? În general, creştinii se consideră superiori moral celorlalţi şi resping orice judecată a comportamentului lor. Dar care este valoarea unui predicator care predică ceea ce a învăţat de la mine ca şi cum ar fi al său sau de inspiraţie divină, încercând în acelaşi timp să mă convingă să renunţ la cunoştinţele mele şi să-l urmez? Acea persoană este un şarlatan, un parazit şi un demon.

Obsesia de a fi superior celorlalţi, de a te simţi special şi ridicat din punct de vedere moral, este atât de răspândită în multe grupuri spirituale încât este greu de crezut că acestea sunt motivate de vreo moralitate spirituală reală. De fapt, cu cât interacționez mai mult cu ei, cu atât le pasă mai puțin de fapte și se agață mai mult de fanteziile și stereotipurile lor. Nu m-am alăturat unui grup religios pentru a asista la acest tip de farsă. Observ comportamente similare în întreaga societate, ceea ce confirmă că religiile nu transformă oamenii. Ele servesc doar ca o mască groasă pentru a le ascunde natura perversă și diabolică. Este înțelept să ne ferim de cei care fac eforturi mari pentru a-și afirma superioritatea morală pe baza unei identități religioase.

Acest lucru este evident mai ales atunci când menționez că sunt scriitor, pentru că acest lucru aproape niciodată nu se termină bine într-un context religios. Nu sunt perfectă și nici nu pretind că știu totul, dar este o provocare să navighez printre cunoștințele mele în fața unei astfel de ură intensă, ca și cum nu mi s-ar permite să știu mai mult decât alții. Invidia scoate la iveală ce e mai rău în ei. Cu cât ești mai bun, cu atât se manifestă mai mult demonii lor interiori. Când ai mai multe cunoștințe decât cei autoproclamați iluminați, ei își dezvăluie adevăratul lor sine urât.

Capitolul 17: Vie ile trecute i alegerile actuale

Fiinţelor umane le place să se considere foarte evoluate, dar diverse studii arată că marea majoritate operează la nivelul cognitiv al unei maimuţe sau al unui şobolan atunci când vine vorba de modelele de gândire. Cercetarea lui Gordon Stephenson despre cele cinci maimuţe este unul dintre numeroasele studii care ilustrează de ce oamenii îi atacă adesea pe cei care gândesc diferit. De-a lungul istoriei, asumarea unor riscuri şi rostirea adevărului au avut adesea consecinţe grave, cum ar fi crucificarea, tortura, decapitarea sau arderea de vii. Ca urmare, umanitatea ca colectiv a învăţat să evite, să se teamă şi să pedepsească pe oricine „gândeşte prea mult" sau exprimă „gânduri negative", deoarece aceste persoane sunt considerate „nebune" de către o societate care, în subconştient, echivalează riscul de a-ţi risca viaţa pentru gândurile tale cu nebunia. Aşadar, data viitoare când auziţi fraze precum „eşti nebun", „gândeşti prea mult" sau „asta e o gândire negativă", reflectaţi la semnificaţia subiacentă.

Mulți vorbitori și scriitori întăresc acest nonsens sau îl folosesc ca cârlig pentru a-și transforma ideile greșite în teorii populare, ușor de înțeles. Rezultatul este că adepții lor învață să se teamă de gândire, internalizând aceste ideologii autodistructive. Atunci când aceste teorii se infiltrează în domeniul religiei, situația devine și mai gravă. Fie printre francmasoni, rosicrucieni, scientologi, creștini, budiști sau orice altă sectă, aceștia adoptă adesea comportamente care contrazic potențialul lor de gândire critică, stima de sine și, cel mai important, inteligența și capacitatea de a analiza faptele independent. Iubirea de sine este confundată cu egoismul, iar persoanele sunt acuzate în mod fals că sunt excesiv de mândre dacă doresc să își exploreze propriile identități, ceea ce le face să își piardă simțul de sine. Identitățile lor devin întrepătrunse cu grupurile din care fac parte, care le dictează cine sunt și ce ar trebui să gândească. Acest lucru este exact opusul a ceea ce ar trebui să întruchipeze spiritualitatea și reduce indivizii la un nivel spiritual inferior.

Nu devii mai inteligent doar stând în tăcere și meditând; altfel, universitățile ar fi cele mai liniștite locuri din lume. Adevărata inteligență se cultivă prin lectură, dezbateri și extinderea cunoștințelor despre lume. Cum putem face acest lucru dacă ni se refuză utilizarea acestor facultăți? Este și mai deranjant atunci când tehnicile dezvoltate pentru îmbunătățirea abilităților sunt folosite împotriva persoanelor pentru a le manipula, a le oprima și a le distruge stima de sine, așa cum se întâmplă adesea cu mulți oameni de știință din zilele noastre. De fiecare dată când am atras atenția organizației asupra acestor probleme, scrisorile mele au fost ignorate, deoarece nicio religie care se consideră virtuoasă nu vrea să admită că comite crime împotriva principiilor pe care pretinde că le apără. Status quo-ul și câștigurile financiare au prioritate față de orice preocupare pentru un comportament etic. Poate că cea mai mare ipocrizie a oricărei religii este afișarea publică a virtuților pe care nu și le aplică sieși.

În plus, se pare că majoritatea oamenilor nu realizează că ideologiile pe care le apără astăzi sunt rezultatul războaielor brutale și al crimelor, nu al argumentelor logice. Oamenilor nu le place să piardă argumente, pentru că asta îi face să simtă că au un sentiment de superioritate morală și o dorință egoistă de a se simți importanți scuturați. Discutarea problemelor spirituale este astăzi la fel de dificilă cum a fost vreodată. Ca urmare, brutalitatea, minciuna și înșelăciunea au triumfat istoric asupra adevărului. Civilizații întregi au dispărut, iar mulți au fost persecutați doar pentru că gândeau diferit de opresorii lor. Din aceste motive, ideea de evoluție este o iluzie. Adesea, nu facem decât să redescoperim ceea ce se știa deja, însă mulți nu sunt conștienți de acest proces și de vasta cantitate de cunoștințe recuperate în ultimele decenii.

Avem potențialul de a corecta mii de ani de greșeli, dar acest lucru nu se întâmplă pentru că oamenii nu sunt dispuși să își recunoască erorile și să își schimbe comportamentul. Majoritatea oamenilor nu trăiesc mai mult de 100 de ani, dar nu pot corecta greșelile pe care le-au făcut timp de decenii. Prin urmare, deoarece toată lumea se comportă într-un mod similar, aceste greșeli persistă timp de milenii. Creștinii și musulmanii, printre alții, continuă să se agațe de minciuni și de traduceri greșite deoarece refuză să examineze originile textelor lor și propria lor istorie, nereușind astfel să corecteze greșelile predecesorilor lor.

Dacă cei care cred că interpretările lor personale ale unei cărți conțin întregul adevăr, inclusiv fapte istorice, științifice și arheologice, cred, de asemenea, că acest adevăr exclude alte texte, religii sau persoane din alte culturi și medii, atunci singurul Dumnezeu la care se pot ruga trebuie să fie Dumnezeul egoismului și narcisismului care locuiește în adâncul sufletelor lor delirante. Da, mulți susțin că Dumnezeu este în noi, dar acest argument capătă un sens diferit atunci când vine vorba de narcisiștii bolnavi mintal. Oamenii religioși sunt adesea atât de preocupați de fanteziile lor încât ajung să întruchipeze aceeași problemă pe care mi-o atribuie mie: aroganța. Mă consideră arogant pentru că văd că iluziile lor sunt puse la îndoială și nu le place să le fie puse la îndoială iluziile, la fel cum psihologilor nu le place să le fie puse la îndoială metodele. Așadar, cine reflectă cu adevărat asupra a ce?

M-am gândit de multe ori la această întrebare. Cu toate acestea, eu sunt cel care îmi expun gândurile și încerc să ajut lumea. Ei nu ar putea ajuta pe nimeni, chiar dacă ar vrea, iar resentimentul lor față de mine este doar o reflectare a propriei lor rușini și incompetențe. În ciuda acestui fapt, am primit mai multe oferte de a mă alătura celor mai înalte eșaloane ale Scientologiei, dar le-am refuzat întotdeauna, deoarece organizația nu este ceea ce spune că este, ci o umbră a idealurilor pe care le mărturisește. Etica sa nu este nimic mai mult decât o construcție teoretică, iar prieteniile sale sunt superficiale, dispărând imediat ce nu mai plătești pentru noi cursuri. De fapt, multe grupuri religioase care susțin că banii nu contează nu ar supraviețui fără donații din partea adepților lor. Altruismul lor se evaporă atunci când un membru nu poate plăti taxele sau să participe la întâlnirile de weekend. Membrii preferați sunt cei care le primesc acasă.

Instituționalizarea unei religii începe în minţile adepţilor săi, iar acolo se instalează malevolența sa. Dar ce vă aduce aminte atunci când cineva care pune la îndoială autoritatea religioasă este etichetat drept arogant și eretic? Acest lucru reflectă chiar comportamentul celor care l-au crucificat pe Hristos, i-au ars pe rug pe Ioana d'Arc și pe Giordano Bruno și l-au ucis pe Martin Luther King în fața mulțimii.

Capitolul 18: Rolul părtă iei în cre tere

Mulți oameni au fost uciși de cei care nu doreau să le fie contestată puterea. Cu toate acestea, acești criminali nu sunt un grup de elită ascuns într-o peșteră, ci masele, prezente în fiecare comunitate și organizație. În ciuda promisiunilor sale, religia nu a reușit să transforme omenirea. Cum îi rănesc astăzi oamenii religioși pe alții? O fac prin insulte și calomnii. La fel cum crima a evoluat de-a lungul istoriei, la fel au evoluat și metodele de pedepsire. Cea mai comună formă de crimă socială din zilele noastre este cunoscută sub numele de „ghosting", care presupune să te prefaci că cineva nu există. Cu toate acestea, înainte ca această tactică să poată fi utilizată pe scară largă, este necesar să se distrugă imaginea publică a persoanei respective prin incinerarea reputației sale.

Acești inchizitori ai zilelor noastre sunt peste tot. Obsesia lor de a păta reputația oricărei persoane care le contestă autoritatea creează un mediu în care altora le este teamă să se asocieze cu persoana vizată. În grupuri precum Martorii lui Iehova, acest comportament este practicat în mod deschis și acceptat pe scară largă. Dacă un membru este pedepsit pentru că este considerat neplăcut, el trebuie să participe la reuniuni şi să fie ignorat de toată lumea. Deşi acest tratament poate îndepărta permanent o persoană, mulţi oameni devin atât de dependenţi de comunitatea lor încât această formă de pedeapsă poate părea la fel de devastatoare ca moartea.

Alte grupuri pot să nu recunoască în mod deschis acest comportament, dar adoptă practici similare. În timp, de multe ori mă trezesc evitat de toţi membrii grupului. Unde mai putem vedea acest tip de comportament în grupuri? Este, de asemenea, evident atunci când un narcisist încearcă să păteze reputaţia cuiva care este altruist. Am asistat la dinamici similare la grădiniţă şi la şcoala primară, unde comportamentul seamănă cu cel al copiilor imaturi din punct de vedere emoţional.

Timp de mulţi ani, am evitat să identific aceste persoane, dar acum mă întreb de ce ar trebui să mă abţin. Sper că, pe măsură ce aceşti suboameni cad în obscuritate, cuvintele mele vor dăinui şi grupurile lor vor dispărea. Pe măsură ce omenirea se maturizează şi depăşeşte comportamentele descrise în această carte, cineva va fi capabil să preia aceste cuvinte şi să creeze o religie mai bună, care să ajute cu adevărat omenirea, în loc să o încarce în minciuni şi frică.

Nu am numit niciodată pe nimeni arogant sau egoist într-un grup religios, chiar şi atunci când comportamentul lor sugerează clar contrariul. Mă abţin de la a-i insulta, chiar dacă ei mă insultă constant. Cu timpul, însă, am ajuns să înţeleg dinamica în joc, ceea ce mi-a diminuat interesul pentru orice instituţie religioasă, pentru că eu cred că toate sunt viciate în esenţa lor. Gelozia şi invidia lor faţă de percepţiile mele este descurajantă şi mă face să mă simt ca şi cum aş încerca să-mi fac prieteni într-o instituţie de boli mintale. De asemenea, cred că este imposibil să absorbi atâta ignoranţă fără compromis moral. Întunericul altor oameni poate sfârşi prin a-ţi corupe integritatea morală şi capacitatea de a vedea clar realitatea.

Religiile nu au fost create pentru cei care aspiră la stări spirituale superioare. Aderarea la ele şi atingerea unei conştiinţe superioare sunt procese contradictorii. Personal, nu sunt înclinat să urmez căile unor indivizi cu perspective atât de limitate, care adesea văd opusul realităţii sau interpretează greşit cine sunt eu. Nu am răbdare pentru cei care insistă că imaginaţia lor este mai valabilă decât faptele sau care cred că mă pot înţelege mai bine decât mă înţeleg eu după o scurtă întâlnire. Acesta este motivul pentru care folosesc termeni precum „nebun" şi „psihotic" atunci când vorbesc despre ei; nu există altă modalitate de a transmite evidenţa.

De-a lungul anilor, m-am săturat de aceste experienţe. După ce am participat la câteva întâlniri cu rosicrucienii, m-am simţit adesea rău fizic timp de două sau trei săptămâni, ca şi cum entităţi întunecate mi-ar fi secat energia. Mă simţeam epuizat energetic, ca şi cum mi-aş fi petrecut ziua cu vampiri energetici. Este ceva profund în neregulă nu numai cu procesele tale de gândire, ci şi cu energia ta.

Această realizare m-a determinat să înţeleg că am evoluat către stări de conştiinţă superioare, mai înalte decât ale lor, pentru că a fi în preajma lor mă face să mă simt inconfortabil. În plus, a avea unul sau doi indivizi care se comportă normal într-un grup nu este suficient pentru a compensa energia negativă a celorlalţi. Unii indivizi emană o energie atât de întunecată şi toxică încât simpla lor prezență poate pune viața în pericol. Numai cei cu un nivel de energie la fel de scăzut nu ar reuși să recunoască acest lucru. Acest fenomen este comun tuturor grupurilor religioase. Deși recunosc semnele unei persoane evoluate din punct de vedere spiritual, se înfurie atunci când văd aceste caracteristici la alții, pentru că le evidențiază propria inferioritate.

Nu aștept prea multe de la oameni în afară de un comportament normal, empatie și o înțelegere reală a ceea ce citesc, în loc să recurg la atacuri menite să le protejeze ignoranța și nesiguranța. Ei susțin adesea că am o problemă de ego și că mă gândesc prea mult la lucruri, ca și cum a fi un individ neinformat cu o stimă de sine scăzută ar fi o opțiune preferabilă în viață. Insultele lor dezvăluie mai multe despre caracterul lor decât aș fi putut prevedea. Comportamentul membrilor de rang înalt ai unei religii precum rosicrucianismul, care încearcă să mă convingă că au mai multe cunoștințe decât mine, doar pentru că reprezintă organizația de zeci de ani, în timp ce eu îi corectez cu propriile lor texte, este de-a dreptul patetic.

Da, acest lucru s-a întâmplat de multe ori! Am corectat mai mulți lideri rosicrucieni și scientologici cu privire la practicile lor, deoarece nu le urmează cu adevărat; ei își urmează propriile interpretări și apoi pretind că urmează liniile directoare stabilite de fondatorii lor decedați. Această deconectare este mai frecventă decât mi-am imaginat la început, după cum mi-au confirmat unii foști lideri scientologici care au deținut cele mai înalte poziții în organizație. Totuși, acest model nu este exclusiv al Scientologiei și poate fi observat în diferite grupuri religioase. Cu cât o persoană capătă mai multă experienţă în diverse practici religioase, cu atât aceste asemănări devin mai evidente.

Capitolul 19:
Echilibrarea minții, corpului și spiritului

În multe grupuri, în special rosicrucienii și creștinii, membrii adesea nu citează textele lor cu exactitate, ci mai degrabă propriile lor interpretări. Când se examinează conținutul real al acestor cărți, se găsesc adesea afirmații care sunt exact opusul a ceea ce susțin sau care nu au nicio legătură cu afirmațiile lor. Problema constă în orgoliile lor, convinse de falsuri, care investesc prea mult în ele. Ca urmare, este aproape imposibil să le schimbi părerea. Este mai probabil să îi întoarcă pe alții împotriva ta și să caute justificări pentru a te expulza din grup, de obicei din motive independente de voința ta, cum ar fi că ai scris prea multe cărți sau că ești prea inteligent pentru a accepta standardele lor etice scăzute. Mulți dintre așa-numiții membri seniori ai rosicrucianismului din Polonia manifestă un rasism și o ură atât de mari încât pun la îndoială prezența lor în organizație.

Acest rasism devine și mai evident atunci când este combinat cu invidia, mai ales atunci când provine dintr-o dorință compulsivă, psihotică, de a ascunde o minciună pe care o consideră adevărată.

Oamenii nu se schimbă atunci când sunt confruntați cu dovezi care le arată că se înșeală. De exemplu, atunci când testele ADN au exonerat mulți oameni închiși pe nedrept, ofițerii de poliție, judecătorii și avocații au luptat pentru a-i menține în închisoare. Admiterea greșelilor lor nu a fost o opțiune pentru ei. Am observat probleme similare în educație. În ciuda rezultatelor pozitive asociate cu metodele alternative de predare, nu am întâlnit niciodată un părinte sau un profesor dispus să învețe și să adopte aceste abordări, în principal pentru că acestea contrazic practicile învechite pe care le-au urmat ani de zile. Acceptarea acestor noi metode ar pune în discuție convingerile lor vechi despre muncă, studiu, învățare și inteligență. Ei preferă să sacrifice viitorul copiilor lor decât să-și confrunte orgoliile.

Ceea ce am demonstrat este că învățarea este mai eficientă atunci când este distractivă; este la fel de simplu ca atât. Mulți oameni au dificultăți în a accepta acest adevăr deoarece îi obligă să înfrunte realitatea că și-au petrecut întreaga viață crezând o minciună: ascultă, suferă, repetă și, mai presus de toate, nu gândesc niciodată pentru ei înșiși și nu se bucură de ceea ce fac. Aceasta este mentalitatea pe care o transmit copiilor lor, perpetuând ciclul timp de decenii. Este descurajant să vezi atât de mulți adulți trăind vieți fără sens pentru că nu pot face față propriilor greșeli și orgolii și își supun copiii la aceeași soartă. Aceasta este realitatea nefericită a majorității oamenilor de pe această planetă și acesta este motivul pentru care viața este atât de dificilă pentru marea majoritate.

Atunci când profesorii sugerează „Ignoră ego-ul și vei fi bine", este ca și cum ar pune o pătură peste gunoiul împuțit pe care l-au acumulat și s-ar preface că nu există. Acele gunoaie îi vor urma în următoarea lor încarnare, vă asigur. Dar cum poți să nu te simți demotivat când ești înconjurat de minciuni? Întotdeauna am avut un imens sentiment de plictiseală atunci când am predat și în diverse grupuri religioase. În multe dintre ele, mă simțeam amorțit și slăbit, mai degrabă decât energizat. Era ca și cum aș fi fost în transă, practicând arta stagnării și simțindu-mă prost. Chiar și o petrecere rave este mai energizantă. După ce particip la reuniuni religioase, mintea mea devine amorțită. Deoarece creierul meu este principalul meu instrument de scriere, nu pot produce lucrări de calitate fără el.

Îmi petrec zile întregi citind și analizând informații, așa că experiența mea directă arată clar că majoritatea oamenilor mă sufocă intelectual doar prin faptul că se află în aceeași cameră. De fapt, unul dintre motivele pentru care am început să scriu cărți a fost realizarea faptului că această planetă este plină de indivizi iraționali, iar majoritatea literaturii perpetuează această nebunie în loc să o abordeze. Din aceste motive, nu mă așteptam să găsesc cititori capabili să înțeleagă textele mele în această viață. Am crezut că, poate peste trei mii de ani, cineva va aprecia cărțile mele și le va folosi pentru a promova schimbări semnificative în societate.

Am fost frustrat și deprimat pentru o lungă perioadă de timp. Acum, când stau într-o cafenea, mă trezesc apreciind frustrarea și depresia altor oameni, uimită că nu recunosc cine sunt, nu-mi citesc cărțile și nu le pasă. Ascult adesea audiobook-uri la căști, iar când am menționat acest lucru câtorva persoane pe care le-am întâlnit, au râs de parcă relaxarea cu audiobook-uri ar fi o idee stupidă, mai degrabă decât o modalitate eficientă de a dobândi cunoștințe valoroase și de a economisi timp. Acest lucru ilustrează ignoranța multor oameni, care nu numai că sunt complet neinformați, dar resping și sugestiile care i-ar putea ajuta să dobândească cunoștințe în cel mai simplu mod posibil: pur și simplu nefăcând nimic. Ei consideră că acest timp liber este prețios și cred că ar trebui păstrat doar pentru a-și satisface orgoliile iluzorii și viețile lor mizerabile.

Ca și cum nu ar fi fost suficient, astăzi, în timp ce stăteam într-o cafenea din Croația și ascultam o carte, cineva a strigat: „Pentagon!" M-am uitat la barista, întrebându-mă dacă era o glumă, iar el a continuat: „Lucrezi pentru Pentagon? De ce purtați căști și tastați pe telefonul mobil?"

Nivelul său de ignoranță m-a lăsat fără cuvinte. Asta fac oamenii ignoranți! Ori de câte ori întâlnesc ceva care nu se potrivește cu viziunea lor îngustă asupra lumii, o analizează prin aceeași lentilă a ignoranței, bazându-se adesea pe filmele pe care le văd la televizor, pentru că rareori au ceva mai substanțial ca sursă de informare. Sincer, majoritatea adulților ar trebui să se limiteze la vizionarea de desene animate, deoarece nu sunt suficient de maturi mental pentru a înțelege filme mai complexe. L-am ignorat pe acest individ, care în mod evident habar nu avea că o persoană poate asculta o carte. Acest concept nu face parte din realitatea sa limitată și probabil că nici nu îl întâlnește des. Oamenii pur și simplu nu citesc cărți. Mi-am dat seama că era mai bine să tac și să îl las să creadă că am un mare secret pe care nu îl va descoperi niciodată, când, de fapt, cel mai mare secret este că ei sunt profund ignoranți.

Capitolul 20: Pa ii către transmutare

Persoana obişnuită pare prea ignorantă pentru a aprecia ceva valoros. În general, le lipseşte conştiinţa de a recunoaşte ceea ce este cu adevărat valoros. Într-o lume plină de ignoranţă, mă văd etichetat drept cineva ciudat pentru că aleg să ascult cărţi în loc să-mi pierd timpul uitându-mă la bărci pe ocean, ca toţi ceilalţi. Oamenii pot crede că nu sunt conştient de prezenţa lor atunci când stau în spatele meu într-o cafenea sau trec pe lângă mine în timp ce îmi folosesc laptopul, dar mă întreb mereu ce se aşteaptă să vadă dincolo de un simplu text sau ce ar putea reprezenta acel text dincolo de o carte. În Europa, mulţi cetăţeni sunt prea neinformaţi pentru a recunoaşte un autor şi am observat că, cu cât sunt mai ignoranţi, cu atât imaginaţia lor devine mai distorsionată cu privire la ceea ce îşi imaginează că văd. Sunt adesea văzut ca un spion sau un criminal. Unii prieteni m-au întrebat: „De ce îţi pasă?" Îmi pasă pentru că este frustrant să asist zilnic la acest comportament; este ca şi cum aş fi într-o junglă înconjurat de maimuţe sălbatice.

Deoarece creierul meu funcţionează diferit de al lor, mă lovesc adesea de atitudini şi reacţii neaşteptate şi nerezonabile. Tot ceea ce le spun acestor oameni le trece adesea peste cap, pentru că sunt prea ignoranți pentru a distinge adevărul de minciună. Adesea, nici măcar nu-mi cred numele. Mă întreb: ce importanță are numele unei persoane pentru cineva atât de ignorant? Cât de mult cred ei că pot câştiga încercând să determine dacă un nume este adevărat sau fals? Dacă aş fi avut un nume arab, chinezesc sau african, ar fi avut vreo importanță?

Când spun că oamenii sunt profund ignoranți, nu exagerez, doar observ. Nu există nicio justificare rațională pentru acest comportament. Deşi s-ar putea presupune că aceste probleme provin din rasism şi prejudecăți, ele reflectă în cele din urmă ignoranța. A avea de-a face cu oameni ignoranți poate fi o provocare; aceştia râd adesea de cele mai bune sugestii ale tale, nu respectă persoanele mai experimentate şi îi insultă pe alții fără niciun motiv aparent. Este deosebit de surprinzător să vezi acest comportament în grupurile religioase. În unele cazuri, când am menționat că sunt scriitor, au râs de mine ca de o glumă sau o minciună. Nimeni nu s-a deranjat să întrebe unde pot găsi cărțile mele; pur şi simplu au presupus că nu ştiu nimic. Ce fel de spiritualitate este asta?

Am observat o schimbare în acest comportament doar atunci când am fost pe punctul de a călători, ceea ce sugerează că aceşti ipocriți care susțin că banii nu sunt importanți apreciază cărțile spirituale doar atunci când autorul se bucură de un stil de viață pe care îl invidiază. Unii oameni m-au invitat la o cafea sau la cină înainte să plec din țara lor pentru a afla mai multe despre scrierile mele, iar aceştia sunt puținii care îşi recunosc nebunia. Dar niciodată nu mi-au arătat vreun respect. Acest lucru nu s-a întâmplat mai mult de trei sau patru ori în ultimii douăzeci de ani. Majoritatea oamenilor îmi citesc lucrările în secret, fără să-mi spună, sau nu vor să mă cunoască, chiar dacă le plac scrierile mele.

Sunt unii care îmi citesc cărţile, dar nu m-au întâlnit niciodată în persoană, chiar dacă locuiesc în acelaşi oraş pe care îl vizitez. Ocazional, aceşti cititori îmi scriu, iar când îi invit la o cafea, mă refuză. Cu toate acestea, ei continuă să-mi pună întrebări despre cărţile mele şi despre viaţa mea. Poate că se simt intimidaţi, dar de ce? Nu este absurd să trimit întrebări cuiva care locuieşte în apropierea mea? Dacă unul dintre autorii mei preferaţi m-ar invita să vorbesc, aş accepta imediat, chiar înainte de a termina mesajul. Cu toate acestea, mintea umană rămâne remarcabil de primitivă.

Toată lumea are convingeri; acesta este modul în care ego-ul percepe realitatea. Cu toate acestea, puţini pot vedea cum convingerile lor le limitează experienţa. Următoarea etapă, cunoscută sub numele de raţionalitate, vine din acceptarea acestor experienţe. Cu toate acestea, toată lumea are opinii despre lucruri despre care nici măcar nu realizează că sunt greşite. Majoritatea oamenilor sunt literalmente orbiţi de nevoia lor de validare. Adevărul nu este ceva ce ei pot articula sau comenta; nu este real pentru ei, chiar dacă un autor este dispus să se angajeze cu ei.

Când te trezeşti, adevărul devine clar, dar aplicarea lui este relativă. Trebuie să înveţi să cauţi diferitele moduri în care se manifestă adevărul, pentru că în fiecare dintre ele poţi vedea încăpăţânarea şi limitele minţii umane. Oamenii au perspective diferite, dar se văd doar prin propriile lor lentile. Atunci când descriu ceva, îl filtrează prin ego-ul lor. Aproape nimeni nu are o relaţie directă cu realitatea; percepţiile lor sunt modelate de tipare care au funcţionat pentru ei încă din copilărie. Ele sunt subproduse ale experiențelor lor de viață. Atunci când convingerile lor eșuează, aceste persoane se luptă să se adapteze și să înfrunte moartea însăși. Tot ce pot face este să se agațe de aceleași tipare pe care le-au urmat înainte, chiar dacă acest lucru îi conduce la decădere.

Poate părea extraordinar să sugerăm că cei mai mari lideri spirituali nu au făcut mai mult decât să-i învețe pe oameni să se comporte într-un mod mai normal, folosind bunul simț, dar acest lucru se datorează faptului că ființele umane rămân la fel de iraționale ca întotdeauna. Într-o civilizație mai avansată, renumiții influențatori spirituali ar fi priviți ca indivizi obișnuiți înzestrați cu bun simț. Este o consecință inevitabilă faptul că cei cu bun simț tind să devină lideri, pur și simplu pentru că masele nu înțeleg sau nu aplică bunul simț.

Nu se poate discuta despre ascensiune sau trezire spirituală fără a aborda importanța bunului simț, deoarece spiritualitatea nu poate exista fără acesta. Cu toate acestea, masele se află la un nivel spiritual atât de scăzut încât nu îi pot recunoaște pe cei aflați la niveluri superioare; dimpotrivă, îi disprețuiesc și îi ridiculizează. Ele îi respectă doar pe cei care, deși se află la un nivel spiritual la fel de scăzut, oferă alternative la aceeași mentalitate. Mintea trebuie să eșueze în autoexaminare înainte de a putea urca la niveluri superioare.

Capitolul 21: Natura ignoranţei umane

Cel care nu-şi poate controla dorinţele şi totuşi tânjeşte după o lume a plăcerilor mai mari este un prost. Acelaşi lucru este valabil şi pentru cei care tânjesc după mai multă iubire, dar nu pot arăta compasiune. Majoritatea oamenilor sunt atât de consumaţi de propriile nevoi şi de egoism, încât nu îşi pot îndeplini aceste dorinţe naturale. Între timp, filmele continuă să propage valori în concordanţă cu aceleaşi convingeri. În consecinţă, masele, care au învăţat de pe ecranele computerelor şi televizoarelor, sunt atât de spălate pe creier încât trăiesc într-o iluzie perpetuă.

Ne îndreptăm cu toţii în aceeaşi direcţie, dar confundăm adesea această direcţie cu opinia publică. O direcţie comună şi o opinie comună nu sunt acelaşi lucru. Dacă drumul arată într-o direcţie, dar toată lumea merge în direcţia opusă, este clar că merg în direcţia greşită. Calea corectă rămâne unică şi neschimbată, dar este respinsă de majoritate.

Acest fenomen apare atunci când oamenii presupun că există multe opinii şi că adevărul este relativ, validat doar de majoritate. La suprafaţă, poate părea că suntem cu toţii diferiţi, mergând în direcții diferite și învățând unii de la alții. Cu toate acestea, prin extinderea înțelegerii adevărului, începeți să vedeți lucrurile diferit și realizați că totul este interconectat, inclusiv căile noastre spirituale. Această interconectare include toate diferențele, culorile și culturile noastre, deoarece cultura este doar o iluzie. Fiecare persoană nu reprezintă țara în care s-a născut; fiecare are un spirit care se manifestă într-o anumită zonă în această viață, deoarece spiritul trebuie să se exprime undeva. Tu asimilezi valorile unei culturi ca abordare inițială a lumii din jurul tău, filtrând valorile și amintirile care te conduc la starea ta actuală. Cu toate acestea, a spune că ești definit de un anumit teritoriu este iluzoriu, deoarece acel teritoriu nu este o realitate fixă. Oricine are suficientă putere - politică, militară sau de altă natură - poate revendica un teritoriu, îl poate numi „republică bananieră" și tu devii instantaneu un „cetățean bananier".

Mai mult, dacă anumite războaie ar fi fost câștigate de facțiuni diferite, harta lumii ar fi arătat foarte diferit astăzi. Pentru o scurtă perioadă, Europa a fost pe punctul de a deveni complet germană sau complet rusă. Dacă plăcile tectonice ar împărți Europa în două, dacă un vulcan ar erupe și ar transforma totul în cenușă sau dacă o bombă atomică ar fi detonată în regiune, majoritatea țărilor ar dispărea în câteva secunde. Aceeași soartă ar avea-o continente întregi dacă acestea ar fi înghițite de ocean sau dacă polii planetei s-ar schimba.

Aș putea cita multe alte exemple pentru a-mi ilustra punctul de vedere, în special în legătură cu natura noastră nomadă. Dacă vă uitați la oameni, veți vedea că fiecare este atât de împletit cu diferite culturi din întreaga lume, încât a te identifica ca cetățean al unei anumite națiuni este ca și cum ai pretinde că un eșantion aleatoriu din strămoșii tăi definește cine ești astăzi. Este un nonsens total, dar oamenii cred această eroare. Acest tip de absurditate se regăsește și în modul în care oamenii înțeleg reîncarnarea. Mulți discută despre aceasta ca și cum ar fi un program de televiziune, dar nu reușesc să înțeleagă implicațiile sale profunde pentru existența umană.

Având în vedere că te-ai născut în mai multe locuri, identitatea ta este modelată de mai multe influențe culturale, nu doar de una singură. Poate vă place curry-ul, puteți mânca cu bețișoarele fără instrucțiuni, aveți o dorință inexplicabilă de a vă juca cu taurii, de a pescui piranha sau de a face grătar cu tarantule. Poate vrei să fii din nou pirat sau să vânezi cu arcul și săgețile. În orice caz, porți cu tine predispoziții din trecut. Când eram copil, de exemplu, le puneam mereu doctorilor întrebări precise, atât de incisive încât unii dintre ei se enervau. Spuneau că nimeni nu le-a pus vreodată la îndoială integritatea atât de amănunțit. La suprafață, mi se părea că sunt interogați de un copil, dar în adâncul meu știam că multe dintre întrebările mele erau importante, chiar dacă nu puteam explica de ce sau cum știam ce întrebări să pun. Ani mai târziu, am descoperit că am fost un medic renumit într-o viață anterioară. Capacitatea mea de a pune întrebări și de a raționaliza funcțiile corpului și vindecarea făceau încă parte din mine.

Cu toate acestea, am fost un elev prost și m-am născut într-un mediu nefavorabil. Acesta este un lucru pe care oamenii adesea nu îl înțeleg; ei presupun că dacă am fost importanți într-o viață, vom continua să fim importanți și în următoarea. Ați încercat vreodată să citiți aceeași carte de cinci ori sau v-ați concentrat asupra studiilor în timp ce vă străduiați să aveți ce mânca? Sau să gândiţi ca cineva crescut de părinţi iubitori în timp ce sunteţi înconjurat de narcisişti? Este incredibil de dificil; nu vă puteţi concentra şi vă pierdeţi interesul pentru lectură. Ce se întâmplă dacă nu vă puteţi aminti că aţi citit deja cărţile şi sunteţi pur şi simplu copleşit de lipsa de interes? Acest scenariu se aplică majorităţii studenţilor care au acumulat cunoştinţe considerabile în vieţile anterioare, dar nu le manifestă într-un mod care să fie recognoscibil pentru ceilalţi.

Capitolul 22: Rolul cunoa terii în cre terea spirituală

Numărul tot mai mare de copii diagnosticați cu ADHD (Attention Deficit Hyperactivity Disorder) reflectă nu doar o boală mintală, ci nevoia de a evolua în înțelegerea noastră asupra învățării și comportamentului. Doar cei care se confruntă pentru prima dată cu un sistem educațional monoton pot aprecia pe deplin interesul puternic al acestuia. Din păcate, această situație înseamnă că mulți indivizi cu un mare potențial se confruntă cu dificultăți academice atunci când ar putea reuși prin căi alternative. Capacitatea de a descoperi aceste noi căi și de a depăși obstacolele se bazează, de obicei, pe experiențele și abilitățile dobândite în viețile anterioare.

Reîncarnarea ne influențează, de asemenea, compoziția genetică, deși într-o măsură mai mică decât cea a familiilor noastre biologice. În consecință, potențialul nostru, atât spiritual, cât și fizic, poate fi modelat semnificativ de factorii ereditari și poate fi chiar diminuat. De exemplu, este mult mai dificil, deși nu imposibil, pentru un copil născut din părinți neinformați și neglijenți să ajungă la o stare ideală. Pe de altă parte, un alt copil poate prospera în ciuda faptului că este înconjurat de obiceiuri nesănătoase. Cu toate acestea, din cauza unei viziuni predominante asupra egalității, o mare parte din ceea ce se știe despre influențele ereditare rămâne suprimată în discursul public.

Poate cel mai intrigant aspect al reîncarnării este ideea că ne reîncarnăm adesea în foștii noștri adversari. Un rasist poate renaște ca o persoană de culoare, un colonizator ca o persoană colonizată și un stăpân ca un sclav. Limitările conștiinței umane sunt de așa natură încât adesea nu trebuie să discutăm explicit despre reîncarnare pentru a-i observa efectele. Trebuie doar să acordăm atenție dualităților și modului în care acestea ne facilitează transcenderea prin cunoaștere, perspectivă și iubire de sine.

În plus, înțelegerea legilor karmei ne permite să vizualizăm modul în care indivizii păstrează predispoziții din viețile anterioare și cât de puternic se agață de aceste caracteristici. De exemplu, o persoană care își disprețuiește viața poate deveni atât de absorbită de sentimentele de ură încât ignoră oportunitățile de schimbare pe care viața i le oferă: un scriitor care i-ar putea oferi îndrumare, o carte pe un raft care ar putea-o inspira sau un loc de muncă pe care îl respinge ca fiind nedemn din cauza salariului sau a locației inadecvate. Aceste oportunități sunt adesea ignorate de cei care se încăpățânează să repete tipare karmice.

Uneori ignoranța este atât de flagrantă încât ne întrebăm de ce oamenii nu o văd. Acest lucru este evident la lituanienii care încă se tem de ruși și îi critică pentru invaziile din trecut, sau la brazilienii care condamnă colonizarea portugheză de acum câteva secole, chiar dacă au nume de familie care se întorc la strămoşii lor. În esenţă, aceştia îşi exprimă ura faţă de propriii strămoşi, acţionând ca şi cum ar fi fost alţi oameni cei care le-au atacat naţiunea. În realitate, legătura lor cu pământul este fragilă, deoarece s-au născut acolo după ce un strămoş s-a stabilit în zonă.

Deşi acest concept nu este greu de înţeles, acesta este punctul în care mulţi rasişti şi naţionalişti greşesc. Este aproape ironic să vezi o persoană care pare a fi pe deplin suedeză exprimându-şi mândria faţă de Anglia, când strămoşii lor au contribuit probabil la suferinţa multora dintre aceşti oameni permiţându-le să se nască acolo secole mai târziu. Această contradicţie ridică întrebări cu privire la ceea ce văd aceste persoane atunci când se uită în oglindă şi de ce nord-americanii cred că au mai multe drepturi decât popoarele indigene care au locuit pe aceste meleaguri mult mai mult timp. Mulţi oameni sunt atât de inconştienţi încât nu pot vedea aceste adevăruri sau să se vadă aşa cum sunt cu adevărat. Acest lucru arată cât de profund adormiţi sunt majoritatea oamenilor. Acelaşi lucru este valabil şi pentru mulţi rasişti care cred în mod eronat că culoarea pielii lor îi deosebeşte de cei cu pielea mai închisă la culoare, fără să-şi dea seama că proprii lor strămoşi aveau probabil pielea mai închisă la culoare şi că schimbările în culoarea pielii s-au produs de-a lungul generaţiilor din cauza migraţiei.

Ştiinţa a explicat în mare măsură acest fenomen, inclusiv prin intermediul analizelor ADN. Cu toate acestea, este dificil să eradicăm ignoranţa; cel mai bun lucru pe care îl putem face este să demonstrăm că rasiştii reprezintă cel mai scăzut nivel al umanităţii, cel mai lipsit de inteligenţă dintre noi. Este regretabil că mulţi dintre aceşti rasişti locuiesc în ţări care le oferă putere relativă şi bogăție, ceea ce le permite să influențeze politica globală. Rasismul ar trebui să fie o relicvă a trecutului, nu o componentă a agendei politice contemporane, așa cum se întâmplă în Polonia în secolul XXI.

În plus, trebuie să luăm în considerare numeroasele persoane născute din viol și înșelăciune, un aspect adesea ignorat în cărțile de istorie și în certificatele de naștere. Această realitate contribuie la diversitatea genetică și la metisaj, făcând noțiunile de apartenență și mai complexe. O singură întâlnire - fie că este vorba de un moment de pasiune trecătoare sau de un act de violență - poate destabiliza orice teorie privind ascendența sau identitatea cuiva. În plus, studiile contemporane indică faptul că un procent semnificativ de copii sunt rezultatul unor întâlniri sexuale ocazionale.

Un studiu realizat de Asociația Americană a Băncilor de Sânge (AABB) a constatat că aproximativ 30% dintre bărbații care au solicitat teste de paternitate au descoperit că nu erau tații biologici ai copiilor pe care îi creșteau. Cu toate acestea, acest studiu s-a axat pe un grup specific de bărbați care aveau motive să se îndoiască de paternitatea lor, ceea ce sugerează că procentul real în populația generală ar putea fi mai mare. Obsesia unor bărbați americani pentru segregare și rasism poate proveni dintr-un sindrom psihologic legat de incertitudinea cu privire la descendența lor paternă. Rușinea generează adesea furie, discriminare, segregare și rasism, un model evident de-a lungul istoriei țării. Din epoca colonială până la mijlocul secolului al XX-lea, multe state au aplicat legi împotriva miscegenării pentru a menține segregarea și supremația albilor.

În prezent, conform Centrului pentru Controlul și Prevenirea Bolilor (CDC), aproximativ 40 % din totalul nașterilor din Statele Unite sunt la mame singure. Această statistică sugerează că este posibil ca mulți bărbați să nu înțeleagă pe deplin relațiile lor familiale. Este ironic să observăm cum unii bărbați sunt obsedați de diviziunile rasiale, catalogând oamenii ca fiind albi, galbeni, negri sau maro, ca și cum s-ar confrunta cu o traumă din copilărie. Cei care fac o fixație pe distincțiile rasiale sunt adesea deconectați de la realitate. Aceeași nebunie este tot mai evidentă în Europa, unde oamenii sunt adesea judecați și insultați pe baza culorii pielii lor. Se pare că anumite regiuni ale lumii regresează în loc să progreseze.

Capitolul 23:
Pericolele apatiei

Printre cei obsedați de strămoși, cetățenii americani ies adesea în evidență ca fiind deosebit de amuzanți. Cum poate un american să pretindă că are origini italiene dacă nu cunoaște originile majorității membrilor familiei sale? În cel mai bun caz, ar putea proveni din familii italiene mai puțin prestigioase, pe care chiar și italienilor le-ar fi rușine să le recunoască. Dacă nu ați fi un infractor, extrem de sărac sau cel puțin un disident politic, ar exista puține motive să vă mutați într-o țară în care oamenii par în general iraționali și se luptă să supraviețuiască în toate modurile posibile, cu un transport public minim, fără asistență medicală universală, securitate socială limitată și fără coeziune socială. Chiar și astăzi, Statele Unite pot fi considerate o glumă. Dacă nu ar fi fost nenumăratele afaceri corupte, războaiele și statutul dolarului ca monedă de tranzacționare globală, Statele Unite - țara infractorilor liberi și a însușirilor culturale - ar fi dispărut până acum. În întâlnirile mele cu mulți americani din întreaga lume, observ adesea un nivel de aroganță și rasism care amintește de ideologia nazistă. Din păcate, cu puține excepții, aceștia sunt unii dintre cei mai ignoranţi şi plini de prejudecăţi oameni pe care i-am întâlnit vreodată.

Ideea că aparţinem unui trib, unei naţiuni sau unei culturi este complet absurdă din toate aceste motive. Poate fi nevoie de mii de ani pentru ca omenirea să realizeze această absurditate, la fel cum astăzi râdem de credinţele din trecut, cum ar fi credinţa în vrăjitoare şi dragoni. De exemplu, când menţionez că sunt pe jumătate chinez, oamenii de obicei râd şi nu înţeleg ce vreau să spun. Atunci realizez că comunic cu oameni care analizează realitatea doar din perspectiva lor limitată. Chiar şi atunci când îmi afirm identitatea europeană, adesea nu pot înţelege de ce, în opinia lor, nu sunt suficient de „albă" pentru a fi considerată europeană. Această situaţie devine şi mai îngrijorătoare atunci când întâlnesc persoane care aparţin unor grupuri religioase. Este descurajant să asist la rasism în rândul celor care cred că Iisus a fost alb. Mă întreb adesea câţi creştini ar dispărea dacă Iisus s-ar întoarce ca un om de culoare.

Acum, să luăm în considerare conceptul de schimbare a naţionalităţii. O persoană poate renunţa la naţionalitatea în care s-a născut în favoarea alteia, devenind efectiv altceva decât identitatea sa culturală iniţială. Ce se întâmplă cu un copil născut în China din părinţi francezi şi ruşi? Care ar fi naţionalitatea sa? Chineză? Nu şi conform guvernului chinez! Naţionalitatea copilului trebuie să fie aleasă de părinţi, chiar dacă aceştia nu s-au născut niciodată în Rusia sau Franţa. Această determinare este făcută complet arbitrar.

Această poveste este importantă pentru că vom asista la mai multe cazuri de acest gen, pe măsură ce călătoriile la nivel mondial se intensifică și persoanele din diferite națiuni formează familii. Ar fi fascinant să vedem cum acest copil se transformă într-un bărbat care se identifică drept chinez, dar are un amestec de trăsături rusești și franceze. În viitor, vom vedea mulți portughezi și spanioli care par complet asiatici, precum și mulți asiatici care par americani. Sunt adesea oprit în aeroporturi pentru că nimeni nu crede că sunt european. Acest lucru reflectă nivelul de absurditate care prevalează. Am asimilat valori din atât de multe culturi încât a pretinde apartenența la o singură țară este ca și cum ai încerca să bagi un elefant în buzunar. Nici măcar nu mă identific ca european; cu cât călătoresc mai mult prin Europa, cu atât mă simt mai înclinat să părăsesc continentul. Pur și simplu nu mă identific cu continentul, cu oamenii sau cu valorile sale. Este umilitor să mă consider european doar pentru că m-am născut aici, ca și cum naționalitatea mea ar fi o boală incurabilă.

Deși mulți oameni încă se agață de ideea că aparții locului unde aspectul tău corespunde stereotipurilor unei anumite naționalități, această ignoranță va dispărea în cele din urmă, pe măsură ce vom evolua. Deși mi se pare o provocare să port discuții cu cei care sunt atât de orbi la realitate, mulți oameni cred că știu totul despre mine doar pe baza culorii pielii mele și a țării mele de naștere. Este uluitor! Nivelul de absurditate este întotdeauna impresionant. Poate cea mai suprarealistă experiență din viața mea a fost când lituanienii și-au împărtășit opiniile despre oamenii din India și din alte țări, deși nu au vizitat niciodată acele locuri, în timp ce eu am petrecut câteva luni acolo. Cum aș putea să mă cert cu cineva care subestimează experiența mea de primă mână, crezând că opinia sa neinformată are mai multă greutate?

De aceea spun că lituanienii sunt printre cei mai ignoranți oameni pe care i-am întâlnit vreodată, deși mulți americani îi rivalizează adesea în această privință. Unii americani sunt atât de ignoranți încât mă lasă fără cuvinte.

Capitolul 24: Iluzia libertă ii

Aș putea ierta ignoranța în anumite circumstanțe, dar cum explici prostia pură a unor oameni care au întreaga lume la îndemână, cu fotografii și videoclipuri, și totuși insistă să facă afirmații care sunt ușor de infirmat? Informația este chiar în fața lor, dar ei nu o pot vedea, ceea ce îi determină să spună lucruri prostești. Este suprarealist! Într-o lume în care toți oamenii iraționali nu-și dau seama de propria lor nebunie, este ușor să te prefaci că ești normal. Atunci când te trezești la adevăruri mai profunde, oamenii se simt adesea inconfortabil în preajma ta pentru că tu poți vedea ceea ce ei nu pot, iar asta poate fi înfricoșător.

În acest stadiu al vieții mele, oamenii nu numai că tind să mă evite din cauza cunoștințelor mele, dar dacă stau în prezența mea suficient de mult timp, ajung adesea să plângă. Ei poartă atât de multe traume încât chiar și un mic stimulent îi poate aduce la lacrimi. Oamenii sunt disperați după fericire, dar caută în toate locurile greșite, ceea ce face dificilă găsirea bucuriei atunci când nu înțeleg ce este cu adevărat. În schimb, ei citesc cărți scrise de autori deliranţi, dar egoişti, căutând validarea propriilor convingeri greşite.

Întrucât cea mai mare parte a planetei pare să se afle într-o stare de nebunie, atunci când examinăm ceea ce psihologia are mai bun de oferit, găsim studii care reflectă în general bunul simţ. Acest domeniu rămâne incredibil de primitiv în comparaţie cu cunoştinţele pe care le împărtăşesc eu, aşa că nu mă aştept ca cei care sunt adânc înrădăcinaţi în iluziile lor să înţeleagă scrierile mele. Ei trebuie mai întâi să înveţe să gândească critic, iar oamenii care au dificultăţi cu raţionamentul de bază nu vor înţelege modelele complexe de gândire. Unii cititori mi-au spus că au plâns, s-au înfuriat sau chiar au devenit furioşi înainte de a realiza că aveam dreptate şi că nutreau multe credinţe false şi traume reprimate.

Recunoaşterea acestor adevăruri este dificilă deoarece oamenii sunt fiinţe fundamental emoţionale înainte de a fi raţionale. Credinţele lor sunt modelate de cei pe care îi iubesc şi în care au încredere, ceea ce face dificil să ne dăm seama că aceste persoane nu au întotdeauna în vedere cele mai bune interese ale noastre şi s-ar putea să nu înţeleagă cu adevărat ceea ce spun. Multe dintre lucrurile pe care le ştiu pot fi foarte confuze la început, mai ales pentru cei care s-au născut într-o lume a minciunilor. Multe dintre lucrurile pe care le crezi adevărate pur şi simplu nu sunt, şi poate fi dureros să vezi cum întreaga ta identitate se prăbuşeşte în faţa realităţii.

Ori de câte ori mă aflu într-un grup, cei mai problematici indivizi se dezvăluie adesea înainte ca eu să vorbesc sau reacţionează negativ la comentariile mele normale, ca şi cum ar căuta conflictul pentru că prezenţa mea îi deranjează. Energia mea pozitivă îi poate face să se simtă inferiori, reflectând adevărata lor stare din spatele măştilor lor sociale. Aceste persoane sunt conştiente de egoismul, răutatea şi gândurile lor sinucigaşe, dar se tem să nu fie descoperite mai mult decât îşi doresc ajutor. În consecinţă, se străduiesc să se distanţeze de ceilalţi pentru a-şi menţine măştile.

Oamenii sunt atât de naivi încât nu înţeleg această dinamică; ei cred că toată lumea este la fel şi că iubirea ne poate uni sub un curcubeu. Cu toate acestea, mulţi oameni sunt dezorganizaţi mintal, necinstiţi şi au o viziune deformată asupra vieţii. De aceea nu mă gândesc prea mult înainte de a lua o decizie atunci când mă mut într-un oraş sau într-o ţară nouă. Pur şi simplu mă las purtat de val, fără să mă aştept la ceva extraordinar.

Mulţi oameni au credinţa iluzorie că îşi pot planifica propria viaţă, ceea ce mă surprinde, deoarece acest lucru este literalmente imposibil, cu excepţia cazului în care te afli la un nivel foarte scăzut de conştiinţă. Ar trebui să fii complet adormit pentru a crede că controlezi totul în jurul tău şi că alegerile tale se manifestă întotdeauna exact aşa cum îţi doreşti. Realizez pe deplin că nu pot controla totul, aşa că îmi simplific viaţa pe cât posibil. Asta nu înseamnă că oricine poate învăţa să gândească ca mine. Mulţi oameni au încercat să-mi citească cărţile şi s-au plâns de cantitatea enormă de informaţii pe care le prezint, raportând chiar coşmaruri. Majoritatea oamenilor nu numai că rămân adormiţi, dar şi suprimă realitatea pentru a face faţă mediului lor.

Oamenii îşi exprimă adesea dorinţa de soluţii, informaţii şi adevăruri mai mari, dar ce înseamnă asta cu adevărat dacă nu pot absorbi nimic din ele? Acesta este momentul în care meditaţia şi teoriile fără gândire devin utile. Mulţi sunt atraşi de teoriile simpliste care îi încurajează să pretindă că realitatea nu este reală şi că nu se va întâmpla nimic dacă pur şi simplu o ignoră. Cu toate acestea, eşti mai mult modelat de ceea ce absorbi şi, cu cât îţi înţelegi mai mult adevărata natură, cu atât te vei simţi mai puţin obligat să te întorci la ceea ce ai fost înainte. Nu are rost să continui să evoluezi ca fiinţă umană dacă nu cauţi să te înconjori de oameni şi să te scufunzi în culturi care te vor ajuta să creşti în direcţia obiectivelor tale de viaţă. În schimb, este esenţial să absorbiţi cât mai mult posibil din aceste medii îmbogăţitoare.

Capitolul 25: Complexitatea naturii umane

Pe măsură ce îmbătrânesc, descopăr că a asculta păsările dimineața, a dormi bine noaptea, a mă bucura de un balcon spațios cu soarele pe față și a bea zilnic o cafea în fața plajei sunt aproape de ceea ce aș defini drept fericire absolută. Nu mă mai plâng de muncă, pentru că îmi place ceea ce fac. Nu-mi pot imagina o viață fără să scriu cărți, să compun muzică și să vorbesc cu alți oameni despre complexitatea vieții.

A fost o vreme când am crezut că aș putea fi fericit trăind cu o femeie frumoasă și întemeindu-mi o familie, chiar dacă nu era foarte inteligentă. Cu toate acestea, după ce am trăit cu multe femei frumoase, mi-am dat seama că eram necinstit cu mine însumi. Ceea ce îmi doream cu adevărat era cineva care să mă respecte. Singurătatea pare insuportabilă doar atunci când este comparată cu compania. Poate fi copleșitoare când mă gândesc la oamenii pe care îi iubesc, când nu mă simt motivat să lucrez sau când nu mă simt bine. Cu toate acestea, atunci când mă dedic unui lucru care mă pasionează, singurătatea dispare. La acest nivel de fericire, singura modalitate de a evita singurătatea este să lucrez cu cineva care îmi împărtășește pasiunile, dar am constatat că majoritatea oamenilor pur și simplu nu sunt interesați să facă o muncă similară.

Mulți oameni sunt atât de înrădăcinați în ideea de a trăi o viață pe care o disprețuiesc, încât perspectiva de a trăi o viață pe care o iubesc îi derutează. Ei devin leneși, încep să se uite la televizor și să asculte muzică mai des și, în cele din urmă, își pierd interesul pentru viața însăși. Conceptul de a iubi viața este străin pentru majoritatea oamenilor, care îl echivalează în mod greșit cu lenea. În aceste circumstanțe, mă aflu într-o dilemă. Deși pledez pentru iubire, nu pledez pentru iubirea oarbă. Iubirea nu înseamnă doar doi oameni care locuiesc împreună și împart mesele, dar pentru mulți de pe această planetă, în special pentru cei cu un nivel scăzut de conștiință, ea se reduce doar la asta. Ce rușine! Ei își petrec întreaga existență crezând că au nevoie de un corp cald lângă ei pentru a se simți vii.

Deși de multe ori este de preferat să ai companie, am învățat că este mai bine să fii singur decât cu cineva care nu poate fi fericit. În zilele noastre, oamenii vorbesc mult despre pozitivitate, dar mulți nutresc o ură profundă. Chiar și așa, vreau să cred că există speranță, altfel nu aș fi scris atât de multe cărți.

Poate cel mai surprinzător aspect al naturii umane este faptul că oamenii nu te vor respecta, indiferent de ceea ce faci pentru ei sau de cât timp o faci. Nu contează dacă le îmbunătățești poziția în comunitate, le salvezi viața sau corectezi greșeli pe care le fac de zeci de ani: pur și simplu nu le pasă. Vor lua ce pot de la tine și apoi te vor ignora ca și cum nu ai fi existat niciodată. La început, am fost surprins să observ această atitudine la cei pe care îi consideram prieteni, dar curând am recunoscut-o peste tot, în fiecare cultură, religie și țară. Este uimitor faptul că, chiar dacă salvezi literalmente viața cuiva, este posibil ca acesta să nu-ți întoarcă gestul. În schimb, s-ar putea să te disprețuiască, poate pentru că se simt mai bine morți.

Elevii mei au câștigat toate concursurile la care au participat, inclusiv concursuri naționale, ceea ce reprezintă o realizare semnificativă în contextul chinez. Alții au înființat companii pe baza ideilor pe care i-am ajutat să le dezvolte. Unii au fost acceptați în universități americane prestigioase datorită scrisorilor de recomandare pe care le-am scris, nu datorită calificărilor lor, care erau adesea neimpresionante, ci datorită susținerii mele. Cu toate acestea, ei uită de mine la fel de ușor ca și cum nu aș fi făcut niciodată parte din viața lor. Când povestesc aceste întâmplări, oamenii îmi cer să le trimit aceste scrisori, dar niciunul dintre ei nu își exprimă recunoștința sau nu se oferă să mă găzduiască dacă le vizitez țara. Mă uimește cât de egocentrici și egoiști pot fi oamenii și mă întreb adesea cum poate încăpea atâta ignoranță într-o singură minte.

Aceiași oameni sunt surprinși când nu le răspund la mesaje. Ei nu văd nimic greșit în comportamentul lor, crezând că viața este o competiție pentru a vedea cine poate dobândi mai mult și poate fi mai important. Apoi se întreabă de ce mă simt nerespectat de aceste atitudini. Acestea nu sunt comportamente umane normale; sunt comportamente bolnave, mai rele decât bolile infecțioase. Te poți proteja de un virus, dar nu de o persoană vie care încearcă în mod constant să te exploateze, punându-ți întrebări despre viața și munca ta, încercând în același timp să obțină ceva în schimb. Este ca și cum ai trăi cu un monstru.

Oamenii pot simula prietenia foarte bine și pentru mult timp, până când obțin ceea ce vor, ca și cum aș fi doar o altă bucată de carne pe care să o consume. Acesta a fost cazul unor elevi care, după ce le-am revizuit complet textele, au câștigat locul întâi la concursuri naționale de oratorie. După victoriile lor, nu i-am mai văzut niciodată. Același tipar s-a întâmplat și cu cei care au obținut joburile visate - poziții pe care nu credeau că le pot obține - doar urmând strategiile mele. Mă refer la studenții care au obținut locuri de muncă în echipe de fotbal, deși aveau doar o diplomă universitară în limbi străine, sau la cei care au devenit manageri în unele dintre cele mai mari companii din China.

Pentru mulți dintre acești studenți, am fost și singurul lor profesor de kung fu și au învățat mai multe despre artele marțiale de la mine decât de la oricine altcineva din China. Incredibil, nu-i așa? Dar ceea ce este cu adevărat incredibil este că mulți dintre acești oameni au îmbrățișat ideologia comunistă și, în unele cazuri, mi-au spus că nu le înțeleg țara sau cultura. Ei bine, știu suficient pentru a-i ajuta să câștige și să-și îndeplinească visele, dar nu știu suficient pentru a le critica societatea, politica sau cultura? Această atitudine este incredibil de egoistă, dar ce altceva te poți aștepta de la oamenii egocentrici? Ei nu pot vedea evidența: cât de mult am contribuit la viitorul lor ca ființe umane, cu mult peste ceea ce am primit drept compensație, riscându-mi propriul loc de muncă și chiar viața.

Capitolul 26: Căutarea fericirii

Nu susțin comunismul, colonizarea forțată a teritoriilor, cenzura guvernamentală, persecuția politică sau oprimarea minorităților. În perioada petrecută în China, am tolerat multe lucruri, cum ar fi faptul că comuniștii îmi spionau cursurile și le înregistrau ani de zile sau trimiteau studenți cu microfoane pentru a pune întrebări incriminatoare și a găsi un motiv să mă aresteze. Nu au găsit nimic și nu vor găsi niciodată, dar răbdarea mea are limitele ei și, în cele din urmă, am părăsit țara. Cu toate acestea, ceea ce am găsit în Europa nu a fost cu mult diferit și a fost adesea mai rău.

În China, oamenii se tem de guvern, dar atunci când se întâlnesc, își discută deschis gândurile și își împărtășesc opiniile. În schimb, în Europa și în Statele Unite, oamenii critică în mod deschis guvernul, dar se cenzurează în mod constant pe ei înșiși și pe alții de teama de a gândi diferit sau de a accepta opinii opuse. Așadar, există puține diferențe între o persoană oprimată de tiranie și o persoană care se oprimă pe sine; una își vede sufletul oprimat de o forță externă, în timp ce cealaltă își oprimă propriul suflet în mod voluntar.

Atunci când o persoană oprimată de forțe externe își schimbă mediul, de obicei se schimbă și pe sine. Pe de altă parte, persoana care se oprimă pe sine poartă cu ea sursa opresiunii sale oriunde s-ar duce. Atunci când se confruntă cu opresiunea externă, poate simți un sentiment de ușurare, ca și cum nu ar mai trebui să fie atât de vigilentă cu privire la gândurile și sentimentele sale. În consecință, oamenii care învață să se asuprească pe ei înșiși și pe alții pot dezvolta, de asemenea, o afinitate cu sistemele tiranice. Le lipsește inteligența de a vedea diferența și cred în mod eronat că sunt înțelepți conformându-se mulțimii, când de fapt nu se conformează propriei voințe, ci acționează din teama de respingere și discriminare.

În cele din urmă, ceea ce este considerat „corect" este de obicei dictat de mulțime: ceea ce oile urmează, citesc și cred. Dar aceste oi sunt mândre. Nu contează ce popor sau ce țară face aceste lucruri; eu nu cred în țări, granițe, rase sau steaguri. Cred în dreptul de a gândi și de a se exprima liber, dar nu am găsit niciun loc în lume în care acest lucru să poată fi făcut fără amenințarea violenței sau a ostracizării. Acesta este motivul pentru care opresiunea și libertatea nu pot coexista. Una trebuie să înceteze să existe pentru ca cealaltă să înflorească. Rasismul trebuie să dispară înainte ca libertatea de exprimare să poată fi luată în considerare cu adevărat. Frontierele și steagurile trebuie să dispară pentru ca noi să putem aprecia conceptul de a învăța din diferențele noastre, fie ele culturale sau nu.

Nu există libertate dacă te temi să fii ridiculizat pentru opiniile tale sau dacă te limitezi să citești doar cărți scrise de persoane dintr-o anumită rasă. Libertatea își pierde sensul atâta timp cât eşti judecat după locul naşterii tale. Acestea sunt caracteristici ale sclaviei moderne pe care masele nu le pot recunoaşte deoarece au internalizat această formă de sclavie în identitatea lor. Ele nu îşi pot imagina viaţa fără aceste restricţii şi îi consideră nebuni pe cei care nu se încadrează în aceste standarde. Aceeaşi mentalitate ar prevala dacă guvernele ar spori această stare de sclavie, de exemplu prin impunerea injecţiei de nanotehnologie în corpurile oamenilor. De fapt, acest lucru a început deja să se întâmple.

În mod ironic, în ciuda nenumăratelor abuzuri comise de guverne şi de societate în ansamblu, oamenii sunt uşor răniţi în mândria lor şi se înfurie atunci când sunt corectaţi. Adesea, au impresia că nu există fără programele care le rulează în cap. Îmi amintesc un caz în care un bărbat din Statele Unite stătea lângă mine şi debita idei absurde despre bani, libertate şi politică. Când l-am corectat, a fost de acord cu argumentele mele, care erau clar mai valide decât ale lui. După acel moment, însă, a început să mă evite. Este interesant faptul că acest om este condus de ego şi caută orice formă de atenţie. Deoarece majoritatea societăţii nu are o gândire critică, el este adesea invitat să ţină discursuri publice şi să dea interviuri. Mi-am dat seama că este mereu la ştiri, fie că este la televizor, la radio, în podcasturi sau la conferinţe.

Această situaţie este fascinantă pentru că tot ceea ce spune el este fundamental stupid. El este incapabil să conteste opiniile altor oameni sau să adauge valoare vieţii lor, motiv pentru care atât de mulţi oameni se simt confortabil cu prezenţa sa şi cred că forma sa de ajutor este mai semnificativă decât ajutorul pe care cineva ca mine l-ar putea oferi. Când observ acest fenomen la mulţi oameni, mă întreb ce face ca sute de oameni să se adune în acelaşi loc pentru a se asculta discutând despre lucruri banale în timp ce pretind că sunt implicați în ceva important. Apoi mă uit la fotografiile pe care le fac împreună, umflându-și pieptul ca păsările în sezonul de împerechere, și îmi dau seama că toți o fac pentru ei înșiși.

Capitolul 27: Disciplina ca o cale către cre tere

O amenii se adună nu pentru a-i asculta sau a învăța de la alții, ci pentru a se simți importanți. Ei pot obține acest sentiment de importanță doar pretinzând că sunt importanți, pentru că de obicei nu au nimic semnificativ de spus. Având o viziune limitată despre ei înșiși și despre existența lor, ei presupun că, prefăcându-se într-un grup mai mare, vor deveni de fapt mai importanți în ochii societății. Totul este un joc al aparențelor, o iluzie comună, dar viciată. Atunci când alți oameni iau parte la aceeași farsă, își întăresc reciproc imaginea de sine iluzorie, umflându-și orgoliile cu nimic altceva decât aer cald.

Nu am înțeles niciodată de ce atât de mulți oameni vor să scrie cărți atunci când nu au nimic substanțial de spus și nu au niciun interes să împărtășească lumii informații importante. Cu toate acestea, când am început să conectez punctele și să observ comportamentul acestor oameni în diverse medii, a devenit clar: toți joacă un joc cu ego-ul lor. Îi putem compara cu baloanele. Dacă un balon ar fi viu, ar putea crede că mărimea sa îl face mai important decât ceilalţi, chiar dacă mărimea sa este doar o reflectare a aerului din interior. Acesta este modul în care oamenii se percep pe ei înşişi şi pe ceilalţi. Ei sunt atât de obsedaţi să se simtă importanţi încât, în loc să se îmbunătăţească prin lectură şi acumularea de cunoştinţe, găsesc modalităţi de a-şi umfla propriul gol. Ei încearcă să cunoască persoane influente, să participe la întâlniri cu politicieni şi să apară la ştiri pentru a arăta cât de plini de sine sunt.

Numai cineva la fel de gol nu poate vedea că aceşti oameni sunt plini de aer cald. În prezenţa mea, ei sunt confruntaţi cu cuţitele ascuţite ale adevărului, ceea ce, în mod natural, îi face să se teamă că ego-ul lor se va spulbera. I-am văzut pe unii dintre aceşti oameni furioşi pe mine doar pentru că i-am întrebat dacă sunt fericiţi cu viaţa lor. La început, ei se lansează într-un discurs despre lucruri superficiale care îi fac să se simtă importanţi în raport cu ceilalţi. Pe măsură ce conversaţia avansează, tonul lor devine mai agresiv şi ajung să recurgă la insulte. Tot ce am făcut a fost să-i întreb dacă sunt fericiţi! Asta este ca o sabie ascuţită pentru ei! Dar, sincer, nu-mi pasă. Ceea ce contează pentru mine este cum se simt ei înşişi şi, într-un fel sau altul, îmi dau întotdeauna răspunsurile pe care vreau să le aud. Cu toate acestea, cei obsedaţi de ego-ul lor habar nu au că nu-mi pasă de ei. Întrebările mele îi derutează pur şi simplu pentru că nu şi-au făcut niciodată timp să reflecteze asupra propriilor gânduri.

Oamenii sunt atât de consumaţi de nevoia de a se simţi importanţi încât nu-şi raţionalizează niciodată propriile gânduri. Ei nu au nicio formă de metacogniţie cu privire la acţiunile lor şi adesea nici nu ştiu ce înseamnă asta. Pentru mulţi, identitatea lor este definită doar de reflecţia pe care o au în ochii celorlalţi. Dacă ceilalţi îi percep ca fiind importanți, atunci asta cred ei că sunt, indiferent dacă această importanță este o iluzie. Prezența cuiva ca mine în astfel de medii provoacă disconfort, indiferent cât de simple sunt întrebările mele. Cu toate acestea, toată lumea vrea să-mi fie prietenă atunci când află că scriu cărți, pentru că văd în asta o ocazie de a-și umfla ego-ul. Am observat un comportament similar în multe alte cazuri de celebritate, așa că înțeleg ce înseamnă.

Când eram un DJ celebru, mulți oameni doreau să mă întâlnească personal, chiar dacă nu le plăcea genul de muzică pe care îl cântam. Este fascinant să vezi până unde merg oamenii pentru a se asocia cu cineva pe care nu îl respectă cu adevărat, totul pentru a-și umfla propriul ego. Chiar și creștinii tind să adopte acest comportament, ceea ce m-a nedumerit multă vreme, pentru că voiam să cred că moralitatea lor era superioară, nu doar o fațadă. Dintre numeroasele persoane care pretind că cunosc un scriitor celebru și sunt mândre de această asociere, aproximativ un procent sau mai puțin îmi vor citi cărțile.

Psihoza pe care o observăm în societate se manifestă în asocierile pe care le fac oamenii, în activitățile pe care le desfășoară pentru a-și valida existența și în noțiunile lor de naționalitate. Dacă nu ar fi fost clar din comportamentele descrise, ar trebui să fii profund psihopat pentru a crede că un steag definește caracterul cuiva. Nicio persoană sănătoasă nu ar fi mândră de o bucată de pământ sau de un steag, indiferent de bogăția sau sărăcia națiunii. Cu toate acestea, o persoană trebuie să fie bolnavă mintal sau extrem de ignorantă pentru a sprijini guvernele opresive.

Am considerat odată că chinezii sunt iraționali pentru dragostea lor față de regimul comunist, până când i-am văzut pe europeni cerând legi totalitare în timpul pandemiei de coronavirus, cerând literalmente ca persoanele nevaccinate să fie alungate din societate. Nimic nu este mai nebunesc decât asta, mai ales dacă luăm în considerare pericolele ascunse asociate cu aceste vaccinuri. Atunci am realizat de ce sunt capabile ființele umane și că nazismul nu este doar o relicvă a trecutului. Europenii sunt la fel de rapizi în a-i condamna pe ceilalți astăzi ca și acum câteva secole.

Capitolul 28:
Înțelegerea realității

Dacă cineva crede că sunt mai inteligent decât oricine altcineva pe care l-a întâlnit vreodată, nu ar trebui să se aștepte ca eu să susțin ideologii greșite precum comunismul, socialismul, naționalismul sau orice altă formă de „ism" care neagă libertatea individuală. Într-o mare măsură, democrația pervertește adesea libertatea deoarece, așa cum spunea Osho, oamenii sunt „retardați". Pentru mulți, libertatea este un concept străin pentru că le lipsește caracterul. Identitatea lor este un simulacru, o batjocură, o fațadă iluzorie pe care o prezintă celorlalți pentru a-și ascunde goliciunea, lipsa de valoare ca ființe umane și lipsa de empatie pentru ceilalți. Trebuie să ai caracter înainte de a putea discuta despre libertate, iar caracterul se construiește prin valori asimilate și împărtășite. Fără valori asimilate, ești doar un balon plin de aer. Fără valori împărtășite, nu există învățare a caracterului.

Mulți oameni nu înțeleg diferența dintre o figură publică și un bun public, o persoană umilă și o persoană slabă, cineva care îi ajută pe alții și cineva cu o stimă de sine scăzută, o persoană spirituală și cineva care tolerează totul. De asemenea, nu pot face diferența între mizeria pe care o trăiesc și mizeria pe care o creează. Ei citesc despre adevăr, dar nu văd nimic; ei neglijează şi ignoră oportunităţile pe care le caută, confundând neantul cu realitatea. Aceste persoane îşi confundă identitatea cu lumea materială şi sunt incapabile să fie mai mult decât simple obiecte, deoarece cred că a fi un obiect înseamnă a fi ceva. Ca urmare, ei nu sunt nimic. Cea mai mare parte a ceea ce ei numesc „real" este un nimic comun care umple golul pe care îl preţuiesc.

Am un mare respect pentru cultura şi istoria chineză. Mulţi dintre cei mai extraordinari oameni pe care i-am întâlnit în viaţa mea sunt chinezi, iar unii dintre cei mai buni prieteni ai mei de astăzi sunt chinezi. Am învăţat multe din cultura chineză, am ajutat oameni şi femei de afaceri chinezi şi chiar mi-am schimbat aspecte ale personalităţii datorită sutelor de prieteni chinezi pe care i-am avut când am locuit în China. Probabil că am avut mai mulţi prieteni chinezi decât orice alt străin pe care l-am întâlnit acolo şi chiar m-am gândit să mă căsătoresc cu mai multe femei chineze. Cu toate acestea, îi dispreţuiesc complet pe comunişti şi încă nu am întâlnit un singur comunist în China a cărui personalitate să fie demnă de respect. Comunismul este o boală teribilă, însoţită întotdeauna de xenofobie, rasism, suprimarea artelor, a libertăţii de exprimare, de gândire, discriminare, invadarea vieţii private şi un atac crud asupra libertăţii religioase, eticii şi moralităţii. În esenţă, comunismul este un virus creat şi promovat de indivizi foarte bolnavi.

Socialismul nu este diferit, deoarece este un precursor al comunismului. În general, europenii adoptă socialismul, deoarece Europa este îngropată într-o mentalitate medievală, conform căreia egalitatea este superioară individualităţii, chiar dacă aceasta înseamnă să fii ars pe rug sau decapitat pe baza unor acuzaţii false.

Din punct de vedere istoric, europenii au învățat să se teamă să gândească diferit sau să gândească prea mult. Cu toate acestea, atunci când sunt înrădăcinați în mentalități socialiste și comuniste, oamenii tind să ignore drepturile națiunilor mai mici sau mai slabe. Acesta este motivul pentru care restul lumii acordă puțină atenție unor regiuni precum Taiwan, Xinjiang și Hong Kong, indiferent de numărul de oameni care au murit sau continuă să moară în semn de protest față de independența lor în aceste zone.

Este interesant de observat că această nevoie de independență îi determină, de asemenea, pe mulți indivizi cu o înțelegere mai clară a valorilor lor să se mute în alte țări, promovând și conservând astfel ceea ce este suprimat. În prezent, există mai multă cultură chineză în Taiwan, Singapore și Malaezia decât în China continentală. Chinezii care au rămas în China continentală sunt în general cei mai săraci, cei mai slabi, cei mai puțin educați și cei mai corupți - nu cei mai pricepuți, cei mai înțelepți sau cei mai bogați. Același lucru este valabil și pe continentul european. De fapt, cu cât istoria unei națiuni este mai semnificativă, cu atât este mai probabil să existe ignoranță pe teritoriul respectiv. Acesta este motivul pentru care portughezii, italienii și spaniolii de astăzi par să fie mult mai puțin capabili decât strămoșii lor, în timp ce țările considerate din punct de vedere istoric ca fiind locuite de oameni mai puțin inteligenți par să se dezvolte mai rapid astăzi.

Această tranziție în ceea ce privește capacitatea intelectuală a existat dintotdeauna și continuă și astăzi. Fără contribuțiile intelectuale ale indienilor, iranienilor și chinezilor care au imigrat în Statele Unite și Canada, aceste națiuni nu ar fi atât de puternice precum sunt astăzi. Cei mai buni practicanți ai medicinei tradiționale chineze trăiesc acum în Canada, iar savanții de elită ai Chinei antice trăiesc în Taiwan, nu în China continentală, unde sunt de asemenea persecutați.

Fiecare om de afaceri proeminent sau familie bogată din China știe că poziția sa este amenințată zilnic și că ar putea pierde totul pe baza unor minciuni. Mulți au cărți verzi americane și avioane private pregătite să decoleze în caz de urgență, cum ar fi căderea regimului comunist. Cei care sunt înțelepți recunosc aceste principii universale și atemporale și nu se atașează de nicio națiune anume. Dacă ar putea, ei ar cumpăra terenuri pe alte planete și ar găsi o modalitate de a ajunge rapid acolo.

Capitolul 29: Importan a auto-reflec iei

Putem spune că Elon Musk este un geniu în a identifica cele mai profitabile oportunități de afaceri și a le face să prospere. Cu toate acestea, geniul său este valabil doar în funcție de suma de bani pe care cele mai bogate familii din lume sunt dispuse să o investească în planurile sale. Costul unor astfel de întreprinderi îi va favoriza întotdeauna pe cei mai bogați. Din punct de vedere istoric, cei mai săraci au fost întotdeauna ultimii care s-au mișcat.

Există, desigur, și excepții de la această observație. Existența nefericită a sclaviei în Statele Unite a adus mulți africani cu forța pe continentul nord-american, în timp ce mulți alții se luptă să ajungă acolo și astăzi, în speranța de a oferi un viitor mai bun familiilor lor. Pe de altă parte, mulți prizonieri din Portugalia, Franța și Spania care lucrau pe nave cu destinația ținuturi îndepărtate și necunoscute au trăit experiențe pe care nu și le-ar fi putut imagina niciodată, în ciuda riscurilor și temerilor implicate. Ca urmare, mulți au ales să nu se întoarcă la viețile mizere care îi așteptau în țările lor de origine. Descendenții portughezilor din

Malaezia sunt, fără îndoială, mândri de viaţa lor de acolo, chiar dacă sunt descendenţi ai unor pescari săraci care ştiu puţine despre Portugalia lăsată în urmă de strămoşii lor acum aproape cinci sute de ani.

Ideea mea este că nu poţi iubi libertatea şi naţiunea ta în acelaşi timp. Dacă trebuie să alegeţi între creşterea personală şi dezvoltarea ca fiinţă umană, veţi descoperi că singura modalitate de a o realiza este să renunţaţi complet la lucrurile care vă împiedică să creşteţi, aşa cum a învăţat Buddha. Nu este de mirare că comuniştii din China s-au străduit să corupă budismul şi să-l folosească ca armă politică împotriva poporului lor. Nu poţi fi comunist şi budist în acelaşi timp, deoarece cele două mentalităţi sunt fundamental incompatibile. Prin urmare, atunci când sunt forţaţi să accepte dictaturile chineze, mulţi călugări îşi abandonează practicile, nu numai în Tibet, ci şi în China continentală.

Orice formă de identitate formată în jurul unui grup de oameni şi al unei bucăţi de pământ poate corupe libertatea individului de a urmări obiectivele personale şi identitatea spirituală. Spiritualitatea este incompatibilă cu sistemele sociale, deşi depinde de acestea pentru a progresa, la fel cum cineva se poate bucura de fructele unui copac fără a deveni fermier.

Toţi profesorii chinezi pe care i-am întâlnit mi-au cerut să îi îndrum în crearea unor metode de predare eficiente în clasă şi să îi ajut să se integreze. Totuşi, acest lucru este imposibil dacă mă prefac că nu îi învăţ pe oameni să asimileze mai bine prejudecăţile existente. Prin urmare, orice formă de pedagogie este perversă, iar cei care o predau sunt corupţi moral şi printre cei mai răi oameni de pe planetă. Ei fac munca murdară de a-i convinge pe oameni să asimileze metodele sistemului, pretinzând în același timp că îi civilizează. Este o formă de sclavie modernă prin programare mentală, în care cătușele sclavilor sunt modelate și ciocănite de experți în educație, psihiatrie și psihologie. Nivelul următor, desigur, este atins prin tehnologie, dar aceasta nu poate fi folosită eficient fără o înțelegere a modelelor educaționale și a mecanicii psihologice a corpului uman.

Libertatea este ceva atât de străin pentru mulți oameni încât sunt adesea considerat un criminal pentru că mă bucur de ea. Dacă ceva nu se conformează percepției oamenilor despre bine și rău - cum ar fi faptul că scriu pe un laptop într-o cafenea publică duminica - este văzut ca ceva negativ, aproape ilegal. În țări precum Croația, oamenii mă critică adesea pentru că lucrez la sfârșit de săptămână. Se pare că acestor oameni nu le pasă de viață sau de ceea ce fac, sau cel puțin nu recunosc mândria de a fi leneș. În schimb, îi critică pe cei care muncesc mai mult.

Când le spun că țara lor nu are viitor, de obicei se supără și nu mai vorbesc cu mine, așa cum s-a întâmplat cu unii oameni pe care i-am întâlnit în Croația. Pe baza multor experiențe, trebuie să ajung la concluzia că soarta unei țări este determinată de oamenii săi, nu de politicieni. Cultura afectează oamenii în aceeași măsură în care oamenii afectează cultura lor, deoarece cultura este întruchiparea a ceea ce oamenii apreciază, critică și pe ce se concentrează. O cultură fără oamenii săi pur și simplu nu există, pentru că nu are viață proprie. Atunci când oamenii unei culturi se concentrează pe a nu face nimic, nu se întâmplă nimic. Acești oameni critică apoi guvernul din motive care îmi scapă. Ar trebui ca politicienii să

trimită poliția să dea oamenii afară din cafenele atunci când petrec
o oră sau două bând espresso, așa cum fac mulți croați?

Capitolul 30:
Călătoria sufletului

Fiecare țară europeană are o formă unică de prostie, ceva pe care băștinașii refuză să o recunoască în ei înșiși și pe care o contrazic adesea în declarațiile lor. În Spania, de exemplu, oamenii dau vina mai degrabă pe soare decât pe monarhie, deoarece pare mai rezonabil să își atribuie problemele unui corp cosmic de pe cer decât să își asume responsabilitatea pentru propria viață. Spaniolii iubesc plaja și, ori de câte ori cineva se confruntă cu o problemă, îi sugerează să uite de ea mergând la plajă, atribuind toate soluțiile soarelui mai degrabă decât propriului intelect. În consecință, ei dau vina pe soare pentru lenea lor și lipsa de interes pentru lectură, muncă și învățare.

Îndrăznind să depășiți granițele dintre ceea ce alții consideră real și fictiv, veți trăi cele mai absurde experiențe. De exemplu, în Lituania am fost abordat de agenți de securitate care mă suspectau că sunt spion rus doar pentru că citisem timp de trei ore. Au trebuit să fie convinși că acest comportament poate fi explicat doar prin asta; nimic altceva nu se potrivea cu înțelegerea lor limitată. Atunci când nu înțeleg ceva, ignoranța îi conduce pe oameni la cea mai simplă raționalizare pe care mintea lor limitată o poate găsi. Ei cred atunci în mod eronat că sunt inteligenţi doar pentru că pot ajunge la concluzii rapide, deşi prosteşti, adesea inspirate de filmele pe care le urmăresc.

Cu cât o persoană este mai nebună, cu atât este mai puţin capabilă să distingă ficţiunea de realitate. Acesta este motivul pentru care mulţi oameni înţeleg lumea prin filme, mai degrabă decât prin lectură şi gândire critică. Ei pretind că gândesc profund, dar aceasta este de obicei o faţadă pentru că le este ruşine să îşi recunoască ignoranţa. Când citesc, aleg de obicei autori care le confirmă viziunea iluzorie asupra vieţii.

De exemplu, un psiholog mi-a spus odată că motivul pentru care era încă singură la vârsta de treizeci de ani era că, potrivit lecturilor sale, cele mai bune fructe sunt cele mai greu de atins, în timp ce oamenii tind să le aleagă pe cele mai uşoare - de obicei pe cele stricate. Cu alte cuvinte, ea credea că bărbaţii aleg femeile inferioare şi că ea era prea specială şi atrăgătoare pentru a fi aleasă de cineva. A presupus chiar că am încetat să mai vorbesc cu ea pentru că căutam „fructe stricate” şi că era prea dulce pentru a fi aleasă.

Atunci când oamenii au probleme psihice, ei distorsionează complet realitatea şi găsesc justificări pentru nebunia lor. Acest lucru devine şi mai problematic atunci când încerci să le arăţi cât de mult greşesc, pentru că adesea nu acceptă. Când i-am explicat că stima ei de sine scăzută o împiedică să vadă clar realitatea, a plâns. Câteva săptămâni mai târziu, a plâns din nou când i-am spus că cele mai bune lucruri în viaţă necesită efort şi că oamenii pot fi apreciaţi pentru ceea ce sunt, nu doar pentru cum arată. Credeam că ajung la sufletul ei, dar în mintea ei îi atacam doar ego-ul. Îi păsa doar de faptul că am călătorit în alte orașe fără să o invit.

Egoul este adesea la originea multor conflicte, deoarece servește drept identificator și judecător a ceea ce este real sau nu, a ceea ce este bine sau rău. Așa că, atunci când le-am spus agenților de pază - care mă văzuseră citind timp de trei ore - că nu au dreptul să-mi vadă identitatea, acest lucru le-a supărat, în mod firesc, și mai mult orgoliile fragile. Atunci când frica nu îi domină pe cei mai necivilizați dintre noi, schizofrenia paranoidă le dictează adesea acțiunile și gândurile.

Ideea că iluminarea este realizarea iluziilor lumii nu este doar o teorie creată cu mii de ani în urmă de un om care stătea sub un copac; este un fapt măsurabil și observabil care încă nu poate fi înfruntat de o parte semnificativă a societății. Este realizarea faptului că masele nu știu cum să distingă realul de ireal. Așadar, nu putem discuta despre iluminare până nu abordăm bunul simț și sănătatea mintală. Nu puteți sări peste aceste două etape și să mergeți direct la iluminare, ca și cum ar fi o scurtătură. Cei care gândesc astfel sunt deliranți, la fel ca cei care cred că înțeleg bunul simț fără să citească, să învețe și să gândească. De fapt, majoritatea oamenilor au dificultăți în a gândi critic, iar atunci când devin iluminați, își dau seama că profesorii sunt la fel de proști ca elevii lor. Aceasta poate fi o realizare traumatizantă. Sunteți martorii unor proști care conduc proști, deși proștii nu pot vedea acest lucru pentru că nu au abilități de gândire critică. Ei își validează acțiunile prin dinamici sociale care le permit să rămână într-o stare de nepăsare - dinamici concepute pentru a-i închide.

Obișnuiam să cred că prostia este doar incapacitatea de a înțelege aspecte cruciale pentru supraviețuirea urbană, până când am ajuns în Lituania și am realizat că prostia este o stare de spirit pe care oamenii aleg să o adopte. În acea țară, am întâlnit oameni de știință care citeau cărți spirituale, dar alegeau să rămână aroganți; oameni religioși care citiseră o singură carte în viața lor și care totuși îi insultau pe alții; oratori care erau mai puțin inteligenți decât publicul lor și nu aveau nevoie să li se reamintească lucruri pe care le știau deja; psihologi psihopați; oameni de afaceri care preferau să fure informații decât să le învețe prin conversație; feministe care disprețuiau bărbații și totuși căutau cu disperare să se căsătorească; femei care petreceau timp cu un scriitor celebru și îl considerau prost; și chiar paznici de centre comerciale care considerau că un cititor dintr-o țară pe care majoritatea oamenilor nu o pot localiza pe hartă este o amenințare. De fapt, întunericul este o alegere atunci când lumina este chiar în fața ta.

Capitolul 31: Cunoaşterea şi ignoranţă

Deşi este important să nu generalizăm cu privire la o ţară întreagă, excepţiile de la stereotipurile comune sunt atât de rare încât sunt întotdeauna plăcut surprins când le găsesc. Asta nu înseamnă că nu există regiuni ale lumii în care starea mentală a cetăţenilor este semnificativ mai bună, dar observ un efort mai mare de autodepăşire în anumite domenii. Am un mare respect pentru cei care au curajul de a-şi confrunta propriile dogme şi orgolii. Într-o lume care pare adesea inconfortabilă, evoluţia şi căutarea creşterii personale reprezintă o provocare. Pe măsură ce evoluaţi, este posibil să fiţi înţeleşi greşit de societate şi să apreciaţi lucruri pe care alţii nici măcar nu încep să le înţeleagă.

Majoritatea oamenilor tind să nu gândească critic, absorbind informaţiile prin intermediul emoţiilor. Acesta este motivul pentru care reacţionează adesea cu furie atunci când sunt provocaţi. Este ca şi cum le-ai pune la îndoială sănătatea mintală, ceea ce, într-un fel, şi faci. Ceea ce încerc să transmit este că atunci când vă extindeţi conştiinţa, dualităţile, contradicţiile şi furia care există în societate nu dispar pur și simplu. De fapt, oamenii pot deveni chiar mai furioși pe tine. Veți înțelege de ce și nu veți mai fi atât de confuzi.

Pot ilustra acest lucru cu ultimul meu loc de muncă în care am predat scriere academică. Mulți oameni cred că sunt nebună pentru că scriu despre chestiuni spirituale și nu văd legătura cu trecutul meu. Ei nu pot vedea legătura dintre o persoană care a petrecut ani de zile învățându-i pe alții cum să scrie lucrări academice, a lucrat mulți ani ca consultant în management și acum scrie cărți de auto-ajutor. Studenților mei le venea greu să creadă că scriu cărți spirituale, pentru că spuneau că sunt cea mai științifică persoană pe care au întâlnit-o vreodată. Am fost, și încă sunt; nu există nicio diferență. Cu toate acestea, trebuie să evoluezi pentru a vedea asta, iar majoritatea oamenilor nu sunt atât de evoluați pe cât cred că sunt.

Poate părea arogant să spun asta, motiv pentru care sunt adesea neînțeles. Dar ar împărtăși o persoană arogantă tot ceea ce știe și gândește? Aceasta este partea pe care ei nu o văd. Pur și simplu nu se întâmplă! Narcisiștii nu împărtășesc nimic. Natura lor este ca o gaură neagră: absorb totul, chiar și sentimentele, și încearcă mereu să distrugă lumea. Ceea ce spun oamenii despre mine este aproape întotdeauna exact opusul a ceea ce fac, așa că judecățile celorlalți dezvăluie starea lor de spirit mai clar decât acțiunile mele.

Când îți exprimi furia față de oameni ignoranți, aceștia nu înțeleg sensul furiei tale și, în schimb, reflectă mai mult din lumea lor interioară ca răspuns. Când nu înțeleg, vă numesc nebun. Când reacționați agresiv pentru că vă simțiți insultat, vă numesc violent şi nebun. Dacă le dovedeşti că se înşeală, te numesc arogant. Dacă te simţi ofensat de cuvintele lor, vei fi numit arogant şi prea emotiv. Cu cât eşti mai inteligent, argumentat, informat şi moral, cu atât ignoranţii te vor percepe ca fiind nebun, agresiv, arogant şi prea emoţional. Cu cât încercaţi mai mult să îi ajutaţi să vă înţeleagă punctul de vedere şi să le câştigaţi empatia, cu atât mai mult vă pot dori răul.

Acestea sunt mecanismele sociale ale lumii, iar toţi cei care nu sunt treji le urmează. Atunci când aceste mecanisme sunt folosite în exces, ca pe o planetă suprapopulată cu non-gânditori, aspectele legate de ajutor, iubire şi compasiune sunt abuzate şi corupte. În acest context, un comentariu pozitiv poate sexualiza sau conferi putere morală cuiva, ducând la consecinţe negative. Un narcisist, de exemplu, se hrăneşte cu emoţii şi complimente, devalorizându-i în acelaşi timp pe cei care le oferă.

În ceea ce priveşte validarea morală, aceasta le poate conferi putere şi falsa impresie că au capacitatea şi dreptul de a-i judeca pe ceilalţi. Acelaşi lucru este valabil şi pentru criticarea unei persoane cu o stimă de sine scăzută. A-i spune că ar trebui să citească ceva mai practic poate fi punctul de ruptură al conversaţiei, deoarece nu au capacitatea de a distinge ficţiunea de realitate. Aceeaşi frază poate avea efectul opus asupra unei persoane, în funcţie de natura ei. Dacă ajuţi pe cineva cu o înţelegere distorsionată a conceptului de ajutor, acesta o va percepe ca pe un atac sau o încercare de manipulare, deoarece tot ceea ce a distorsionat deja percepţia sa asupra celui care oferă ajutorul va fi întărit.

Din păcate, mulți oameni din lumea de astăzi sunt bolnavi mintal, dar asta nu înseamnă că acțiunile lor sunt greșite. Fiecare acțiune trebuie să fie evaluată în raport cu persoanele implicate. La urma urmei, știi de ce oamenii reacționează în felul în care o fac chiar înainte de a deschide gura să vorbească. Într-o măsură mai mare sau mai mică, fiecare reacționează în funcție de mecanismele pe care le-a interiorizat, fie prin educație sau îndoctrinare, fie prin ceea ce citește, prin percepția experiențelor sale sau prin ceea ce observă. Prin urmare, pentru marea majoritate, nu există nimic dincolo de ceea ce cele cinci simțuri ale lor le spun că este real. Ei nu pot vedea dincolo de asta, chiar dacă se cred inteligenți și sunt constant păcăliți de propriile percepții.

Cu alte cuvinte, puteți face, fără intenție, persoana nepotrivită să se îndrăgostească de dumneavoastră și, în același timp, să îndepărtați pe cineva care vă place cu adevărat din cauza propriei percepții a realității și a modului în care ceilalți o percep. De exemplu, dacă îi spun cuiva că ar trebui să urmeze o carieră în muzică, dar nu are nici cunoștințele, nici stima de sine, poate găsi un bărbat care să o ajute, se căsătorește cu el și își abandonează visul. Dacă ajut pe cineva să scrie o carte, s-ar putea să creadă că se îndrăgostește, când de fapt doar confundă dragostea pentru artă cu persoana care îi leagă inima de ea.

Este foarte rar să găsești pe cineva care să înțeleagă și să aprecieze intențiile altcuiva. Singurii oameni pe care i-am întâlnit care sunt capabili să facă acest lucru sunt fie prea bătrâni ca să le mai pese, fie au murit. Pentru majoritatea oamenilor, această realizare vine de obicei târziu sau niciodată. Îmi dau seama că, într-o lume plină de minciuni și mincinoși, provocarea poate părea cea mai bună metodă de a descoperi adevărul, deși nu pretind că este cea mai eficientă.

Capitolul 32: Natura spiritualită ii

Doar cineva obsedat de propriul ego ar vedea comunicarea sau procesul de dobândire a unor informații noi ca pe o dispută între bine și rău, rezultând dihotomii și puncte de vedere diferite. Dacă vede realitatea în acest fel, ar putea considera cuvintele mele drept o confruntare cu propria sa natură. Cu toate acestea, în acest context, nu există niciun „eu". Mai mult, oricine citește ceea ce știu eu asimilează deja acele informații, astfel încât ceea ce este al meu devine al lor. Acest proces nu se bazează pe opinii; am de-a face cu conștiința, nu cu puncte de vedere egoiste. Prin urmare, o persoană nu numai că este de acord cu mine atunci când își dă seama de adevăr, dar îl și vede. Acesta este motivul pentru care nu putem discuta despre conștiință atunci când ne concentrăm asupra egoului. Cele două concepte nu sunt legate, deși ai nevoie de unul pentru a face o punte către celălalt. Odată ce ați traversat această punte, nu numai că dobândiți capacitatea de a observa cu conștiință, dar deveniți, de asemenea, conștienți de o lume vastă de percepții care nu pot fi captate sau transmise cu ușurință. După aceea, nu mai trebuie să completați golurile cu presupuneri.

Totuşi, acest lucru necesită să vă eliberaţi de metodele condiţionate de analiză a realităţii impuse de cultură şi educaţie. Reabilitarea creierului şi obţinerea faptului că acesta funcţionează aşa cum ar trebui înseamnă, de obicei, demontarea şi reconstruirea multor părţi. Acest lucru se întâmplă la nivel neurologic, obiceiurile şi convingerile noastre modelându-ne sentimentul de sine. În timpul acestui proces, persoana se poate simţi pierdută, spălată pe creier, manipulată şi controlată, deoarece reacţiile sale emoţionale şi percepţiile sunt în mare parte legate de experienţele din trecut. Când se trezesc, nu cred că au dormit; în schimb, percep realitatea anterioară ca fiind fictivă. Este nevoie de timp pentru ca o persoană să realizeze că realitatea pe care o percepea ca fiind reală era, de fapt, ireală - mai ales când îşi dă seama că mulţi alţi oameni sunt încă prinşi în această lume fictivă.

Procesul de eliberare de convingerile false poate fi foarte dificil pentru majoritatea oamenilor din toate aceste motive şi puţini reuşesc să facă acest lucru singuri. O mare parte a populaţiei lumii nu va face efortul de a se schimba decât dacă cineva face un miracol, cum ar fi mersul pe apă sau transformarea apei în vin. Deoarece majoritatea oamenilor au o viziune foarte limitată asupra a ceea ce cred că ştiu, problema nu este de obicei ceea ce cred, ci nevoia lor de a se agăţa de aceste credinţe şi de a le apăra.

Nu este posibil să fii sincer în timp ce fugi de realitate. Dacă credeţi contrariul, este pentru că nu aţi întâlnit mulţi oameni oneşti. Cu toate acestea, ar trebui să vă străduiţi să fiţi onest de dragul propriei sănătăţi mintale. Nu te poţi aştepta ca oamenii necinstiţi să aprecieze onestitatea. Abia după ce te hotărăşti să fii sincer cu tine însuţi putem aprofunda subiectul transmutării spirituale, cunoscut sub numele de alchimie. În China și India, se folosesc termeni diferiți pentru a transmite semnificații similare, deși aceste principii sunt aplicate astăzi în principal în științele lor medicale. Alchimia este, prin urmare, un concept universal cu numeroase aplicații.

Cuvântul „alchimie" provine din termenul arab „al-kimiya", care înseamnă „arta transformării". Grecii l-au tradus prin „kimia", care înseamnă „elixir al vieții". În cele din urmă, a ajuns în Europa prin Franța, Germania și Italia, adusă din lumea arabă de cavalerii templieri și pelerini, ca o știință secretă studiată de grupuri secrete, primii adevărați Illuminati. Aceasta s-a extins ca știință europeană în timpul Renașterii, în încercarea de a înțelege sufletul, mintea și corpul.

Aceste studii trebuiau să se desfășoare în secret, deoarece pedeapsa pentru astfel de practici era moartea. Astfel, a fost creată legenda descoperirii aurului, o înșelătorie care persistă până în zilele noastre. Aurul adevărat era puritatea spiritului, așa cum a fost învățat de Isus în practicile sale gnostice, și nu versiunea falsificată prezentată de creștinii moderni, care, în general, știu puține despre aceste învățături și tind să le disprețuiască. Este cu adevărat absurd pentru oricine se identifică drept creștin să nege originile acestei religii și scripturile scrise înainte de aceste interpretări greșite.

De exemplu, ritualul de scufundare în apă pe care creștinii îl numesc botez este, de fapt, o practică gnostică anterioară relatării biblice. Iisus a introdus botezul focului, care implică suferință, pocăință și moarte. Apa este asociată cu iubirea și viața, ceea ce o face prima formă acceptată de botez, dar nu și ultima pentru cei care doresc cu adevărat să urmeze învățăturile lui Hristos. De fapt, învățăturile despre sărăcie se referă mai mult la traiul minim și la acceptarea durerilor lumii materiale decât la sărăcia financiară reală.

Capitolul 33: Rolul intuiţiei

Mulţi creştini nu realizează că Hristos a promovat transmutarea alchimică prin diverse elemente. Acest lucru este evident în faptul că o persoană bogată care reuşeşte să ducă o viaţă simplă în timp ce acumulează bogăţii este în esenţă un alchimist care a fost botezat prin elementul pământ. Această persoană a acceptat provocările materialităţii, renunţând la plăcerile trupului pentru a acumula mai multă bogăţie. Oamenii care reuşesc să trăiască minim şi să îşi controleze dorinţele de plăceri trupeşti - fie prin sex, mâncare sau alcool - au mai multe şanse să înţeleagă acest tip de transmutare sau de botez.

Musulmanii au dus această înţelegere un pas mai departe cu Ramadanul, care implică purificarea corpului prin post, abţinerea de la alcool şi refuzul de a mânca carne de porc. Catarii şi alte secte gnostice, precum şi rozicrucienii, au mers chiar mai departe, abţinându-se să mănânce carne sau peşte. Pentru a duce această practică şi mai departe, ei eliminau sarea, condimentele şi uleiurile din mâncarea lor. Pentru a înţelege aceste principii în relaţie cu energia Kundalini, gândiţi-vă la următorul lucru: în timp ce majoritatea societăţii rămâne blocată în primele trei niveluri ale manifestării Kundalini - hrană, adăpost şi bunuri materiale - altruismul, care vede în bani un mijloc de extindere a iubirii, începe abia în chakra a patra.

Cu toate acestea, nu am întâlnit niciodată o persoană religioasă care să înţeleagă acest lucru, deoarece acestea se concentrează adesea pe nivelurile egoice - egoul sau „eu". Pentru că se consideră mai virtuoase, au tendinţa de a-şi impune viziunile egoiste asupra celorlalţi, trăgându-i în jos. Ei îşi prezintă gândurile şi acţiunile de pe aceste niveluri inferioare ca fiind virtuoase, învăţând că trebuie să fii sărac şi mizerabil, că tristeţea şi răul sunt bune şi că singurătatea este o virtute. Toate acestea sunt false, o interpretare greşită a semnificaţiilor din spatele transmutării alchimice a sufletului.

Când înţelegem cum se corelează ascensiunea spirituală cu utilizarea bogăţiei, ajungem să înţelegem următoarele:

- În chakra coroanei, bogăţia este folosită ca o extensie a serviciului spiritual.

- În chakra celui de-al treilea ochi, bogăţia este rezultatul acestui serviciu.

- În chakra gâtului, bogăţia este văzută ca un mijloc de extindere a influenţei sociale şi de ajutorare a celorlalţi.

- În chakra inimii, bogăţia este văzută ca un mijloc de ajutorare a aproapelui şi a planetei.

Sub aceste niveluri, găsim ceea ce masele pot înţelege şi adesea propagă despre bogăţie:

- În chakra plexului solar, bogăția este văzută ca o necesitate pentru a-și susține familia sau tribul, nimic mai mult. Egoismul se manifestă aici într-un grup mic.

- În chakra sacrală, bogăția este percepută doar ca bani și este legată de supraviețuirea personală. Acesta este individul lacom care vede familia și prietenii ca obiecte ce trebuie controlate prin posesiunile lor.

- În chakra rădăcină, banii sunt asociați cu acumularea de bunuri materiale sau cu demonstrarea statutului social. Aceste persoane sunt de obicei obsedate de mărci și tendințe. Oamenii săraci sau cei care s-au confruntat cu sărăcia timp de mulți ani pot dezvolta o stimă de sine atât de scăzută și un sentiment de identitate slab încât rămân blocați în chakra rădăcină pentru tot restul vieții, transmițând aceste valori generațiilor viitoare.

Există și oameni care se află sub chakra de bază, deși pare incredibil. Aceștia sunt oameni care cred că nu merită mâncare, haine, adăpost sau un loc de muncă. Copacul Yggdrasil, cu rădăcinile sale care se extind în lumea subterană, simbolizează această manifestare a morții în interiorul unui cadavru viu și a fost interpretat de gnostici ca un suflet adormit prins în mormântul unui corp care merge.

La fel ca dragostea, viața și influența socială sunt interconectate ca un sistem, iar atunci când cineva vorbește despre redefinirea societății, vorbește în esență despre eliminarea vechiului sistem și a oamenilor asociați cu acesta și înlocuirea lui cu un nou sistem bazat pe ceea ce apreciază cel mai mult. Cea mai rapidă modalitate de a face acest lucru este prin intermediul unui nou sistem bazat pe valori, adică o nouă monedă. Din acest motiv, cele mai mari reforme sociale au implicat introducerea de noi monede. Cu toate acestea, deoarece sistemul și valorile care îl susțin sunt interconectate, rareori unul se schimbă fără celălalt, ceea ce înseamnă că trebuie sacrificate vieți pentru a înlocui sistemul de valori anterior. Aceasta este cauza principală a persecuției morale, religioase și politice.

Ceea ce este considerat virtuos sau nu în aceste tiranii este complet arbitrar. În Germania nazistă, de exemplu, a fi evreu, țigan sau handicapat mintal era inacceptabil; în lumea de astăzi, nici a nu te supune tratamentelor medicale obligatorii, cum ar fi vaccinurile sau pastilele, nu este. Cei naivi și neinformați pot crede că aceste două situații nu sunt comparabile. Așa cum germanii nu își puteau imagina că propriul lor guvern își va ținti propriul popor, populației lumii îi este greu să creadă că guvernele lor sunt capabile de acțiuni similare prin intermediul armelor biologice concepute pentru a viza anumite segmente ale populației.

Capitolul 34: Calea spre Iluminare

Imaginați-vă un virus care ucide doar persoanele în vârstă și bolnave și un vaccin care ucide doar persoanele cu anumite secvențe genetice, cum ar fi cele cu pielea închisă la culoare sau din anumite regiuni ale lumii. Acest scenariu este foarte asemănător cu ceea ce s-a întâmplat în Germania nazistă, dar la o scară mult mai mare, ceea ce face ca populația să aibă dificultăți în a crede că este adevărat. Acesta este motivul pentru care atât de mulți oameni au aplaudat în 2022 când Albert Bourla, CEO al Pfizer, i-a spus lui Klaus Schwab la Forumul Economic Mondial: „Până în 2023, vom reduce populația lumii cu 50 %, iar astăzi acest vis devine realitate".

După cum spunea însuși Hitler în Mein Kampf, „O minciună este acceptată de popor atunci când este atât de colosală încât nimeni nu poate crede că cineva ar putea avea îndrăzneala să denatureze adevărul într-un mod atât de infam". O situație similară a avut loc atunci când publicul l-a aplaudat pe Bill Gates pentru că a spus, într-un discurs TED, că „dacă facem o treabă foarte bună cu noile vaccinuri, servicii de sănătate și sănătate reproductivă, am putea reduce [populația lumii] cu poate 10 sau 15 %".

Este un lucru să nu observi astfel de afirmații atunci când sunt făcute, dar este extraordinar să vezi oameni care aplaudă discursuri despre genocid. Dacă acești oameni nu sunt incredibil de proști, trebuie să fie incredibil de răi sau complet inconștienți. Cu toate acestea, nu mai puțin proști sunt numeroșii oameni care s-au aliniat pe străzile Londrei la 5 iunie 2022 pentru a vedea o holgramă a reginei Elisabeta a II-a în mașina sa de aur, veche de 260 de ani, în timp ce aceasta trecea cu gărzi ceremoniale, ca parte a sărbătoririi Jubileului de platină al reginei. Ei au fost văzuți aplaudând și salutând holograma în timp ce aceasta trecea pe lângă ei. Dacă oamenii pot face cu mâna unei holograme, ce altceva pot face cu imaginația lor? Și ce ne putem aștepta de la capacitatea lor de a raționaliza sau de a distinge realul de ireal? Societatea poate fi reformată?

Motivul pentru care masele sunt întotdeauna vizate este legat de incapacitatea lor de a se adapta. Acest lucru este raționalizat pe baza premisei darwiniste a supraviețuirii celor mai puternici. Masele sunt atât de interconectate și dependente de vechile sisteme încât nu ar permite apariția unei noi ordini mondiale fără o mulțime de infracțiuni și proteste violente. Imaginați-vă cum reacționează oamenii atunci când le spunem că trebuie să își schimbe modul de gândire, dieta și obiceiurile și apoi imaginați-vă aceste reacții la scară planetară. Acesta este motivul pentru care masele sunt văzute ca o amenințare pentru oricine dorește să reformeze sistemul social.

În general, masele sunt dominate de o viziune materialistă și competitivă asupra vieții, ceea ce le face nu numai egoiste, ci și foarte invidioase. Nu numai că vor fi invidioase, dar vă vor și defăima reputația cu minciuni și vor deveni obsedate de găsirea de aliați. Cele mai mari revoluții ale timpului nostru, cea bolșevică și cea franceză, au profitat de această dispoziție animalică a multora și au folosit-o pentru a răsturna monarhiile și a le înlocui cu tiranii.

Acestor revoluții nu le-a păsat niciodată de oameni, pentru că promotorilor lor nu le pasă de ei. De exemplu, revoluția chineză condusă de Mao a fost urmată de cel mai mare masacru al poporului chinez, dar chinezii încă îl venerează pe acest monstru pentru că nu realizează că revoluția nu a fost niciodată despre ei. Justificarea pe care chinezii, francezii și rușii o dau pentru revoluțiile lor este că înainte mureau de foame, iar acum au mâncare - un motiv care îi poate păcăli ușor pe cei proști.

Un cititor m-a întrebat odată care ar fi cel mai bun mod de a-și îmbunătăți reputația la locul de muncă, iar eu i-am spus să ducă prăjituri colegilor săi. El a spus că aceasta este o idee stupidă, deoarece toți erau ingineri și intelectuali. Dar i-am spus că, deși acest lucru era adevărat, se purtau ca niște idioți, deoarece motivul pentru care simțea nevoia să își îmbunătățească imaginea la locul de muncă era tocmai faptul că nu putea raționa cu ei. A făcut ceea ce i-am spus și a observat imediat o îmbunătățire în modul în care era tratat. Nu-i venea să creadă că a fost atât de ușor și că oamenii pot fi atât de proști.

Dacă vă certați cu oamenii și îi învingeți cu logică, argumente sau adevăr, ei nu se vor schimba; în schimb, se vor înfuria și vor pune la cale răzbunarea împotriva dumneavoastră. Istoria omenirii este alcătuită din aceleași povești și urmează exact aceleași drame în scenarii diferite. Analizăm istoria cu superficialitate pentru că nu cunoaştem foarte bine natura umană şi tindem să o interpretăm aşa cum ne este arătată, evident de cei care au supravieţuit.

Capitolul 35: Natura adevărului

Dacă romano-catolicii au persecutat alte grupuri creştine şi le-au ars cărţile, care versiune a creştinismului credeţi că va supravieţui timp de mii de ani? Mai mult, dacă ramuri mai recente se bazează pe aceleaşi texte catolice, cât de valide credeţi că ar putea fi perspectivele lor? Este evident că fiecare grup creştin are defectele sale, dar oamenii rămân profund ataşaţi de ele. Aceste puncte de vedere se pretează bine controlului guvernamental, ceea ce sugerează că ar putea trece o perioadă considerabilă de timp înainte ca ele să devină simple mituri ale trecutului, alături de alte credinţe mitologice, relegate în paginile cărţilor de istorie şi în secţiunile muzeelor noastre.

Cultura reflectă în esenţă natura unui grup mare de oameni. Prin urmare, pentru a schimba masele, trebuie să le schimbi cultura, iar ele se vor împotrivi acestei schimbări. Dorinţa de a se identifica cu un steag arborat cu mândrie la meciurile de fotbal din întreaga lume este un exemplu al acestui fenomen. Deşi poate părea nedrept să abandonezi sau să condamni aceste persoane la întunericul în care trăiesc, în timp poţi vedea că comportamentul şi gândurile lor devin previzibile. Totul la ei este atât de consecvent încât eşti surprins doar atunci când înțeleg cu adevărat ceva. Masele tind să gândească în limitele perspectivelor lor culturale, iar aventurarea dincolo de acestea le înspăimântă, ducând la rezistență.

Acesta este motivul pentru care termeni precum „teoretician al conspirației" și „nebun" funcționează ca insulte puternice care descurajează oamenii să gândească dincolo de ceea ce este acceptabil din punct de vedere social. Deși unii oameni încearcă să se elibereze de aceste restricții, natura lor, compania pe care o țin și obiceiurile lor împiedică adesea posibilitatea schimbării. În cele din urmă, ei revin la starea lor anterioară, indiferent de ceea ce spun, de ceea ce documentezi sau chiar de câtă compasiune le arăți.

Am devenit obișnuită să mă distanțez emoțional de oameni. Nu este vorba despre a fi rece, ci despre a accepta realitatea așa cum este. Alternativa este să faci față trădării sau insultei sistematice. În unele cazuri, cum ar fi în relațiile pe termen lung sau cu membrii familiei, este posibil să încerci să te implici. Cu toate acestea, răspunsul poate fi absurd, cu afirmații precum „Ești mort pentru mine!" sau „Ești nebun!".

Acest lucru se întâmplă chiar și atunci când persoana prezintă faptele și caută doar scuze sau recunoașterea greșelilor din trecut, ceea ce este de obicei imposibil fără a răni ego-ul. În alte cazuri, oamenii pot căuta intimitate cu o altă persoană, ca și cum ar concura pentru a vedea cine poate depăși singurătatea primul. De ce acționează oamenii în acest fel? Pentru că înlocuirea este văzută ca o luptă a orgoliilor, în care cineva caută să iasă mai bun după durerea provocată.

Natura umană m-a intrigat întotdeauna. Nu am putut înţelege niciodată de ce oamenii de pe această planetă sunt atât de egoişti şi de manipulatori, până când nu am realizat cât de mult îşi preţuiesc ego-ul. Am asistat la atâta ipocrizie în această lume încât acum am nevoie de o energie considerabilă pentru a mă autocenzura atunci când îmi editez propriile cărţi. În consecinţă, mă simt obligat să identific grupurile în care această ipocrizie este răspândită, în special printre cei care, dintr-un motiv inexplicabil, se numesc creştini. Cred că Isus a avertizat cu privire la aceşti indivizi atunci când a spus că mulţi vor veni în numele său, ca „lupi îmbrăcaţi în haine de oaie”. În mod clar, el nu se referea la sectele gnostice arse la Colosseum.

Ipocrizia umană se manifestă adesea într-un mod similar. De exemplu, un bărbat care pretinde că îmi este prieten m-a invitat la o cafea şi mi-a cerut părerea despre starea lumii. I-am explicat opiniile mele şi i-am furnizat dovezi ca răspuns la întrebările sale. Câteva săptămâni mai târziu, m-a invitat să îl aud vorbind public la o congregaţie creştină din oraşul meu. Am asistat la prezentarea ideilor mele, dar el nu mi-a menţionat numele, deşi stăteam în primul rând. În cele din urmă, a avut îndrăzneala să îmi ceară părerea despre prezentarea sa. Când mi-am dat seama că părea complet intoxicat de sentimentul său de autoimportanţă, l-am lăudat pentru că a împărtăşit informaţiile pe care i le furnizasem.

Câteva săptămâni mai târziu, m-a invitat înapoi pentru o nouă discuţie. De data aceasta, mi-a pus întrebări despre viaţa după moarte. Din nou, i-am răspuns la întrebări şi am folosit propria sa Biblie pentru a-mi susţine argumentele. Cu toate acestea, a fost furios când i-am explicat reîncarnarea pe baza propriului său text. Egoul său a fost rănit pentru că nu a putut încorpora ideile mele în învățăturile bisericii sale. Din acest motiv, a încetat să mai comunice cu mine. În esență, eram valoros pentru el doar pentru informațiile care îi susțineau opiniile despre religie.

Ce credeți că vede Dumnezeu în acești oameni care pretind că Îl reprezintă? Probabil același lucru pe care îl văd și eu: un circ.

Capitolul 36: Compasiunea în societate

Există o abundență de rău, discriminare, manipulare și ignoranță în această lume. Dar fără a înțelege întunericul, nu poți găsi lumina. Discernământul trebuie să vină înaintea cunoașterii, iar cunoașterea înaintea conștientizării.

Mulți oameni urăsc adevărul sau nu îl pot accepta pentru că îi sperie. Alții sunt orbiți de dogme care le inhibă capacitatea de a gândi critic. Cărțile care conțin adevărul nu au fost niciodată destinate lor; ele ar continua să fie scrise chiar dacă nimeni de pe planetă nu le-ar citi. Regulile tuturor grupurilor religioase sunt clare pe hârtie, dar în practică acestea le ignoră în general, considerându-se imune la orice judecată morală.

Mă întreb de mulți ani: De ce sunt ființele umane atât de perverse și rele? De ce nutresc atâta ură față de mine, când eu nu am făcut nimic pentru a o merita și de multe ori chiar i-am ajutat? De ce iau atât de mult și nu dau nimic în schimb? De ce sunt atât de cruzi încât preferă să vadă un prieten sărăcit sau mort pentru a se simți superiori? De ce acumulează informații și nu răspund la întrebări? Cum pot trăda și uita pe cineva atât de ușor, chiar dacă acea persoană a fost singura care l-a vizitat în spital în fiecare zi până și-a revenit? Cum pot uita pe cineva care le-a salvat viața? De ce devin oamenii obsedați să distrugă viața cuiva și să se asigure că acesta își pierde locul de muncă? De ce cineva pe care l-am ajutat să înființeze o companie și să se îmbogățească mi-ar distruge reputația? Acestea sunt câteva dintre întrebările cu care m-am luptat timp de mulți ani, mai ales că mulți dintre acești oameni erau membri ai familiei sau prieteni cu care am trăit zeci de ani. Cu toate acestea, nu există un răspuns la rău; el pur și simplu există.

Numărul experiențelor negative depășindu-le cu mult pe cele pozitive, m-am întrebat adesea dacă nu cumva îmi pierd timpul împărtășind adevărul cu lumea. Încă îmi pun această întrebare, dar lumea continuă să mă conducă înapoi la scopul meu. În plus, orice altceva mi se pare o minciună și mă îndoiesc că voi putea urma o altă carieră. Este plăcut să port un costum și să fac parte dintr-o echipă care lucrează pentru un scop comun, să am propriul meu birou și să mă simt important și respectat, pentru că tuturor le este teamă să nu-și piardă locul de muncă. Este un sentiment plăcut să fiu în fața unei clase cu sute de studenți care se uită la mine ca la un zeu și cred tot ce spun. Cu toate acestea, totul este o iluzie. Oamenii tânjesc după atenție superficială, dar chiar și un DJ este mai autentic: dacă muzica este proastă, nimeni nu dansează, iar rezultatele nu pot fi falsificate.

Acum câțiva ani, l-am întrebat pe un prieten francmason de ce francmasonii nu mă plac atât de mult. El mi-a răspuns: „Sunt geloși pe tine, pentru că tu ştii deja prea multe, adesea mai multe decât ei".

I-am replicat: „Dar sunt un membru al grupului; nu-i atac şi nu pun nimic la îndoială".

El a răspuns: „Când oamenii sunt invidioşi, urăsc doar pentru că le este frică. Nu au niciun alt motiv.

El a murit între timp, la vârsta de 83 de ani. Un alt prieten, acum în vârstă de 84 de ani, mă încurajează să continui să scriu şi să ignor haosul din jurul meu. Aceştia doi au fost printre cei mai importanţi francmasoni din Spania, ceea ce sugerează că au cunoştinţe pe care eu încă încerc să le înţeleg. Când le spun oamenilor că sunt scriitor, majoritatea nu mă cred sau cred că inventez poveşti. Cu toate acestea, mă simt atât de autentică şi sinceră cu mine însămi încât nu-mi mai pasă. Viaţa este scurtă şi trece foarte repede. Imaginaţi-vă că o persoană care a murit deja se uită la filmul vieţii sale şi se gândeşte: „Am pierdut atât de mult timp pe lucruri banale; aş vrea să mă pot întoarce şi să o iau de la capăt".

Nu există nimic mai puternic pentru conştiinţa noastră decât să ne contemplăm propriul sfârşit. Aşa cum spunea Blair Warren: „Nu vei fi iluminat dacă renunţi la bunurile tale lumeşti şi te muţi în Tibet. Nu veţi fi iluminaţi devenind mai iubitori şi mai paşnici faţă de ceilalţi. Veţi fi iluminaţi atunci când veţi vedea dincolo de iluziile vieţii. Când ajungeţi la această stare, puteţi alege să vă angajaţi în aceste sarcini sau în nenumărate alte sarcini nobile. Dar acest lucru nu este obligatoriu. De fapt, nimic nu este necesar. Pentru prima dată în viaţa voastră, modul în care acţionaţi în lume devine o alegere reală. Modul în care acţionezi depinde în întregime de tine".

Capitolul 37:
Importan a tovără iei

Nu este uşor să distingem între suflet, spirit şi minte, deoarece acestea sunt interconectate. Dacă luăm în considerare şi corpul fizic şi corpul emoţional sau aura, avem cinci tărâmuri diferite de percepţie care ne influenţează şi ne modelează amintirile. Celulele din corpul nostru au propriile lor amintiri, iar multe dintre reacţiile noastre sunt legate de experienţele durerii fizice, deşi ştiinţa nu a înţeles încă pe deplin această legătură. Emoţiile pe care le trăim de-a lungul vieţii şi reacţiile noastre la acestea constituie ceea ce eu numesc memorie karmică, deoarece au un impact semnificativ asupra deciziilor noastre. Spiritul reprezintă sinele etern care nu moare niciodată, în timp ce sufletul serveşte drept conştiinţa care conectează realitatea spirituală la lumea fizică. Prin urmare, conştiinţa şi percepţia rezidă în suflet.

Mintea, obiectivul principal al psihiatrilor, este doar zona care produce gânduri; este eul care operează creierul. Cu toate acestea, gândul nu provine din minte, ci din suflet. Aşa-numitul sine superior este spiritul. Noi înţelegem lumea prin interacţiunile noastre mentale, dar sufletul este cel care creează şi interpretează experienţele noastre. Gândirea are loc în minte, dar ideile şi concluziile vin din suflet.

Printre aspectele care interferează cu aceste funcţii se numără reîncarnările anterioare (spiritul), emoţiile (în special cele de durere) şi corpul nostru fizic (influenţat în mare măsură de genetică şi dietă). Când murim, totul se descompune, cu excepţia spiritului, care păstrează o evidenţă a tot ceea ce s-a întâmplat. Cel mai fascinant aspect al spiritului este capacitatea sa de a recrea experienţele, permiţându-ne să le retrăim. Acest fenomen este ceea ce numim karma, dar se produce prin intermediul sufletului, ceea ce înseamnă că conştiinţa reduce karma şi creşte inteligenţa.

Principalul defect al metodelor psihoterapeutice contemporane este lipsa de înţelegere a acestor concepte, deoarece acestea se concentrează doar pe mintea individului. Deşi personalitatea poate fi înţeleasă prin intermediul minţii, un individ nu este definit de aceasta, deoarece încetează să existe odată cu corpul. Această cunoaştere face posibilă o analiză mai profundă a motivaţiilor, intereselor şi traumelor personale. Adevărata identitate este spiritul, ceea ce face ca personalitatea să fie nesemnificativă în comparaţie cu sufletul. Sufletul are capacitatea de a crea oricând o nouă personalitate, în timp ce spiritul ţine evidenţa tuturor personalităţilor pe care le-aţi întrupat vreodată. Prin urmare, atunci când o persoană îşi extinde conştiinţa, ea trezeşte şi toate aceste potenţiale latente.

Pentru lumea exterioară, această persoană poate fi considerată excentrică, deoarece societatea tinde să se concentreze pe aparenţe, adică pe manifestările fizice ale existenţei. Mulţi oameni nu au o înțelegere reală a ceea ce sunt sufletul și spiritul; ei pot pretinde că le au, dar adesea ele zac latente în interiorul lor, nefolosite. Această stare reflectă o ignoranță profundă. Cei care nu sunt conștienți percep individul conștient ca fiind „nebun", pentru că nu îi pot categorisi personalitatea. Individul conștient este foarte fluid, rapid și adaptabil, ceea ce îi poate deruta pe cei care au o înțelegere limitată a realității.

Când spun, de exemplu, că sunt scriitor, oamenii discută adesea despre inspirație, filozofie, înregistrările akashice și opinii personale. Ei presupun că eu doar îmi imaginez cărțile, sau scot cuvinte din aer, sau pur și simplu mă joc cu idei existente. Acest lucru reflectă viziunea lor limitată asupra lumii. Ei nu înțeleg ce înseamnă să fii cu adevărat conștient, așa că încearcă să explice lucrurile din afara realității lor cu percepțiile lor limitate.

Dacă cineva este și mai puțin conștient, ar putea presupune că fur informații de la alți oameni. Aceste două reacții sunt cele mai frecvente pe care le întâlnesc, deoarece mulți oameni nu par să aibă o conștiință adevărată; percepția lor este superficială. Ei există într-o lume care, în cel mai bun caz, este guvernată de reacții fizice și dogme, iar capacitatea lor de a înțelege adevărul este întunecată. Ei nu înțeleg ce este o ființă iluminată sau cum să atingă această stare. Aceste adevăruri le rămân ascunse pentru că dezvoltarea lor morală este prea scăzută și aroganța lor prea mare.

Textele religioase, inclusiv scripturile hinduse, Biblia și Coranul, spun că Dumnezeu ascunde adevărul de cei răi și egoiști pentru că acesta poate fi descoperit doar după atingerea anumitor niveluri de dezvoltare spirituală. Aceste niveluri nu sunt legate de cărți sau ritualuri. Ca urmare, aceşti oameni nici nu văd, nici nu aud atunci când li se prezintă adevărul. Ei pot chiar să îi ostracizeze şi să îi calomnieze pe cei care îl pot împărtăşi cu ei. Martirii religioşi exemplifică reacţiile lumii la adevărurile superioare.

Numai spiritul dăinuie veşnic şi păstrează o evidenţă a tot ceea ce s-a întâmplat în trecut, făcând posibilă recrearea gândurilor, sentimentelor şi cunoştinţelor de acum sute de ani. Dacă citiţi în această viaţă aceeaşi carte pe care aţi citit-o într-o viaţă anterioară, veţi simţi şi veţi înţelege cartea mai repede. Acest fenomen este şi mai remarcabil pentru cei care au trăit pe alte planete, deoarece ei au amintiri care nu pot fi reproduse pe Pământ. Oamenii asociază de obicei aceste persoane cu chestiuni spirituale, dar este mai corect să le asociem cu ştiinţa, deoarece capacitatea lor de a explica chestiuni complexe depăşeşte nivelurile prezentate pe Pământ. Prin fuzionarea acestor două tărâmuri, ei pot ajuta omenirea să evolueze mult mai rapid.

Capitolul 38: Natura răului

Cunoaşterea spirituală este la fel de ştiinţifică ca ştiinţa, iar ştiinţa este la fel de spirituală ca spiritualitatea. Toate cunoştinţele sunt legate între ele şi trebuie prezentate într-un mod pragmatic. Înţelegerea noastră depinde de ceea ce prioritizăm. Mulţi oameni tind să acorde prioritate spiritului în faţa intelectului, crezând în mod eronat că cele două aparţin unor tărâmuri separate. Aceasta este o greşeală gravă, deoarece intelectul precede mintea. O persoană care meditează fără cunoaştere nu îşi poate înţelege pe deplin experienţele; este ca şi cum ar naviga prin lume fără memorie. Ele pot fi prezente în acest moment, dar sunt limitate la simţurile lor fizice. În plus, cum poţi căuta răspunsuri dacă nici măcar nu recunoşti existenţa întrebărilor?

Nu poţi căuta ceea ce nu realizezi că este real, aşa că progresul sufletului trebuie să aibă loc în paralel cu acumularea de cunoştinţe. Înainte de a putea pune întrebările potrivite, trebuie să recunoşti cel puţin că există ceva în neregulă în interiorul tău. Majoritatea oamenilor nu au atins acest nivel de conştientizare pentru că este necesar să înţelegi sinele ca fiind ceva distinct de sinele celorlalți. Această distincție nu se referă la ego, dar necesită studierea egoului, deoarece acesta este conectat la sinele nemuritor.

Atunci când este negat, egoul joacă feste minții, amplificându-se și întunecându-se în același timp. Negarea egoului îi permite acestuia să înlocuiască superegoul în funcția sa critică și moralizatoare, proiectându-se asupra altora atunci când se simte amenințat. Aceasta este o sugestie diabolică pe care masele o acceptă de bunăvoie atunci când li se spune să fie prezente și să nu se mai judece singure. În timp, această mentalitate poate duce la narcisism și psihoză. Ca urmare, mintea raționalizează răul ca fiind bun și moralitatea ca fiind rea.

Ateii nu sunt neapărat împotriva religiei; mulți nu au citit niciodată un text religios. Ceea ce sunt împotriva lor este moralitatea, deoarece au fost condiționați să raționalizeze totul și să relativizeze răul. În esență, ateii au fost înșelați și își neagă propriul suflet. Lupta lor nu este cu religia, ci cu propriul lor sentiment de împlinire în viață, o neînțelegere a valorii vieții care duce la devalorizarea lor spirituală. Multe dintre aceste persoane își doresc în secret o lume a răului, deoarece aceasta le dă un sens; altfel, s-ar strădui să progreseze în viață sau să se angajeze în discuții care să le creeze un sens.

Este interesant de observat că ateii își găsesc adesea satisfacția în a respinge persoanele religioase care dezbat valoarea vieții, la fel cum persoanele religioase își găsesc satisfacția în a discuta despre pericolele răului. Fiecare grup, în felul său, este mulțumit de existența răului deoarece ambele au fost îndoctrinate, deși în moduri diferite, pentru a fi adepți mândri ai unei anumite ideologii. Ei se conving singuri că trebuie să îndure suferința pentru a face munca necesară, chiar dacă acea muncă are prea puțin de-a face cu adevăratul lor sine. Acesta este motivul pentru care Isus a spus: „Dacă vrei să fii ucenicul meu, trebuie să urăști pe toți ceilalți în comparație: tatăl și mama ta, soția și copiii tăi, frații și surorile tale - da, chiar și propria ta viață. Altfel nu puteți fi ucenicul meu" (Luca 14:26).

Isus vorbea despre o detașare completă de tot și de toți cei care nu contribuie la transformarea noastră spirituală, adică la înălțarea minții la Duhul Sfânt. Acest lucru implică, de asemenea, că cineva nu poate fi ucenic al lui Hristos și creștin, deoarece cele două învățături sunt contradictorii prin natura lor. Iisus îndeamnă la evoluție prin detașarea de lumea materială pentru a facilita ascensiunea. Nu este posibil să urmezi o învățătură a iubirii conștiente și, în același timp, să practici iubirea ca atașament față de valorile și relațiile pământești.

Din acest motiv, multe secte creștine antice, numite astăzi gnostice, credeau că lumea fizică era controlată de Satana, un test material creat pentru a împiedica ascensiunea noastră spirituală. Din această perspectivă, interpretarea creștină a scripturilor este în concordanță cu învățăturile hinduse și budiste, justificând numele Iisus Hristos ca o fuziune a monoteismului iudaic și a hinduismului.

Termenul „Je-Su" înseamnă și „porc" în latină, ceea ce susține ideea unei mitologii a sacrificiului nu pentru a salva umanitatea, ci pentru a o întemnița. Imperiul Roman a atins trei obiective principale în crearea creștinismului modern: a construit o punte între toate religiile cunoscute pentru a le uni într-o singură religie mondială; a promovat o ideologie a iubirii care să-i facă pe oameni ascultători de stăpânirea sa și pasivi în fața suferinței, eliminând rebeliunea împotriva structurii de putere; și a folosit moartea lui Hristos ca simbol al opresiunii, mai degrabă decât al eliberării, creând una dintre cele mai eficiente metode de control mental colectiv - întărită ulterior de utilizarea focului și de țipetele inocenților arși de vii în piețele publice.

Capitolul 39: Cunoașterea în societate

Cel mai mare păcat al multor oameni nevinovați uciși pentru că au studiat puncte de vedere contrare dogmei dominante, numiți „eretici", a fost acela de a căuta adevărul care le putea elibera mințile. Aceștia au fost pedepsiți fizic și uciși pentru că citeau cărți și practicau credințe inacceptabile. Acest lucru a justificat ulterior eliminarea multor practici religioase în Europa. Aceste judecăți aveau mai mult de-a face cu teama de a răspândi cunoașterea și de a trezi masele decât cu practicile celor condamnați.

De exemplu, înainte ca Giordano Bruno să fie dus într-o piață publică pentru a fi ars de Inchiziție, o țepușă lungă de metal i-a fost înfiptă în obrazul stâng, străpungându-i limba și ieșind prin obrazul drept. Apoi, o altă țepușă a fost introdusă vertical în buzele sale. Împreună, țepușele formau o cruce care îl împiedica să vorbească. Când flăcările erau pe punctul de a-i mistui trupul, unul dintre preoți s-a aplecat spre foc cu un crucifix, dar Bruno pur și simplu și-a întors capul, știind că ei nu reprezentau adevăratul creștinism, ci o minciună.

Adevărata mântuire vine printr-o relație directă cu Dumnezeu în spiritul uman, pentru că, așa cum învățau gnosticii antici, trupul este închisoarea noastră. Suntem eliberați din această închisoare atunci când murim, motiv pentru care gnosticii antici nu se temeau de moarte. Ei o primeau ca pe o modalitate de a evada din acest tărâm. Ei vedeau închisoarea trupului ca fiind alcătuită din suferințe și emoții care devin parte din amintirile spiritului, înregistrările noastre nemuritoare.

Când renaștem pe Pământ, mediul stimulează din nou aceste frici vechi, făcându-ne paranoici și iraționali. Acest control subconștient este ceea ce numim karma. Singura modalitate de a-l elimina este prin intermediul celor trei manifestări ale cunoașterii: bunul simț, cunoașterea morală și cunoașterea ființei și a reprezentărilor și proiecțiilor sale în minte și conștiință, cunoscută și ca cunoașterea spiritului.

Pe măsură ce o persoană devine conștientă de spirit și se aliniază cu acesta, sufletul se extinde în căutarea adevăratului sine. Adevărata identitate se extinde dincolo de personalitate, iar ființa spirituală este în sfârșit capabilă să părăsească tărâmul demonic al vibrațiilor inferioare numit Pământ. Acest proces este treptat și, deoarece existența noastră este foarte scurtă, o singură viață nu este de obicei suficientă pentru eliberarea multor suflete. Este nevoie de mai multe reîncarnări înainte ca o persoană să ajungă la conștientizarea sinelui său nemuritor.

Cu toate acestea, deoarece nu empatizăm cu ceilalți și vedem întreaga rasă umană divizată de națiuni și culturi, se întâmplă adesea ca progresul nostru ca spirit să fie încetinit tocmai pentru că putem fi reîncarnaţi într-un context care nu ne permite să evoluăm. Oamenii care se nasc în sărăcie, cu boli incapacitante sau care suferă traume grave la începutul vieţii ştiu bine ce înseamnă acest lucru, pentru că, pentru a se elibera de o astfel de stare şi a evolua către aproapele lor, trebuie să îndure sacrificii enorme, legate de ataşamente emoţionale, foame, suferinţă fizică şi chiar morală.

Cel mai crud dintre toate relele este atunci când oamenii trebuie să comită o crimă, să mintă sau să se ascundă de lume pentru a supravieţui sau pentru a ajuta pe altcineva să facă la fel. Deşi acest tip de sacrificiu moral nu este niciodată discutat, el are consecinţe asupra psihicului individului. Toţi oamenii de pe Pământ, cu excepţia celor care au venit din tărâmuri mai înalte, au comis crime la un moment dat pe calea lor spirituală şi este posibil să acţioneze încă mai mult în concordanţă cu acele crime nerezolvate decât cu progresul lor spiritual. Oamenii care se tem să îşi amintească vieţile trecute sau care au o reacţie violentă şi iraţională faţă de subiectul reîncarnării îşi refuză, de obicei, posibilitatea de a se expune public, deoarece este mai rău ca alţii să ştie ce ai făcut decât să îţi aminteşti.

Odată eliberat din închisoarea materială, individul este liber să se reîncarneze în numeroasele tărâmuri ale cerului, o explicaţie metaforică pentru realităţile de densitate inferioară. Nu aş spune că aceste lumi sunt plictisitoare, dar oamenii care raţionalizează importanţa şi relativitatea răului cu siguranţă nu sunt suficient de evoluaţi pentru a înţelege existenţa unei realităţi în care totul este plăcut şi unde nu există frică, necinste, suferinţă, pedeapsă, crimă sau imoralitate de niciun fel.

Iisus, ca persoană reală care a promovat o filosofie a adevărului, trebuia să fie un gnostic și un alchimist care a predat despre Înălțare, deoarece: Prin pământ și apă, creezi experiențele din viața ta; prin foc și aer, determini natura acestor experiențe; prin metal, dai formă vieții tale. Semnificația simbolică a metalului, sau a cunoașterii, este adesea reprezentată de societățile secrete cu un ciocan, deoarece metalul înseamnă acțiune, este instrumentul cu care îți modelezi destinul. Spunând că nu a venit să aducă pacea, ci sabia (Matei 10:33), Isus se referea la justiție prin divizarea dintre credincioși și necredincioși.

Capitolul 40: Natura existenței ei

Oamenii confundă adesea cunoașterea cu acțiunea, înțelepciunea sau spiritualitatea, dar acestea nu sunt același lucru.

- Cunoașterea este forma, structura convingerilor tale.

- Acțiunea este mișcarea, adică aplicarea cunoștințelor.

- Înțelepciunea este înțelegerea, adică recunoașterea valorii cunoștințelor.

- Spiritualitatea este scopul: a-ți vedea scopul în aplicarea cunoștințelor și a acțiunii.

Masele au dificultăți în a înțelege această distincție deoarece le lipsește discernământul, o abilitate care necesită virtute, moralitate și cunoaștere. Nu este posibil să înțelegeți aceste concepte dacă sunteți preocupați să fiți accceptați și validați de alții. Deși vă puteți simți acceptați și validați în cadrul acestor cicluri, ele vă vor lega și vă vor menține legați de lumea fizică, împiedicându-vă să înțelegeți învățăturile lui Hristos sau Buddha.

Sunt convins că drumul spiritului este calea de a deveni o persoană bună, onestă și plăcută. Din păcate, mulți oameni nu văd acest lucru pentru că sunt obsedați să fie mai buni decât alții. De exemplu, Martorii lui Iehova, la fel ca mulți creștini, cred în mod eronat că lumea ar fi mai bună dacă toți ceilalți ar fi morți. De asemenea, scientologii, precum și rosicrucienii și mulți francmasoni pe care i-am cunoscut, cred că se alătură acestor grupuri pentru a obține puteri speciale. Cu toate acestea, nu am întâlnit pe nimeni cu puteri magice dincolo de capacitatea de a transforma aroganța în credințe iluzorii.

Cei mai buni oameni pe care i-am întâlnit vreodată înțeleg că scopul spiritualității este pur și simplu acela de a deveni o persoană mai bună. Cei mai evoluați oameni pe care i-am întâlnit sunt simpli, onești, realiști și umili. De obicei, lumea îi ignoră pentru că masele nu sunt suficient de evoluate pentru a le vedea valoarea. Într-o lume plină de aroganță, grosolănie, ignoranță, iluzii, depresie și furie, în care oamenii se străduiesc să obțină un avantaj față de ceilalți și nutresc invidie și resentimente față de cei care reușesc prin muncă grea, a fi normal, fără invidie, teamă sau depresie și fără nevoia de a concura cu ceilalți, este într-adevăr o putere magică și un mare secret pentru mase.

Lumea superioară și cea inferioară sunt reprezentate prin simboluri diferite în multe culturi, deoarece ele sunt conectate. Când vine vorba de evoluția umanității, acesta este într-adevăr singurul mod de a o aborda. Arborele Yggdrasil din mitologia vikingă, Arborele Vieții și Arborele Cunoașterii din scrierile creștine și steaua babiloniană a zeului-demon Moloch, reinterpretată ca simbol evreiesc, toate au aceeași semnificație ascunsă: ele reprezintă unirea simbolurilor care vin de sus cu lumea materială care ne înconjoară și există în noi.

Aceste simboluri pot fi observate sub formă de imagini și vise, adesea corelate cu emoțiile, intuiția și gândurile. În general, persoanele foarte evoluate spiritual, cu intuiții mai puternice, au vise și viziuni mult mai clare, atât în starea de veghe, cât și în cea de somn. Manifestările acestei conexiuni încep ca idei pâlpâitoare, apoi se dezvoltă în modele de gândire complete și, în cele din urmă, apar ca viziuni, amintiri și biblioteci întregi de cunoștințe. Aceste cunoștințe includ tot ceea ce ați citit, ați învățat și ați experimentat de-a lungul multor vieți.

Unele experiențe vor avea în mod natural prioritate față de altele și, pe măsură ce evoluați către niveluri spirituale superioare, puteți dezvolta noi pasiuni și interese care par nostalgice, deoarece pot fi asociate cu o viață anterioară care a avut o semnificație mai mare pentru dumneavoastră. Scriitorii care nu și-au finalizat opera, de exemplu, își pot recupera pasiunea pierdută prin autocunoaștere în meditație sau alte practici spirituale. La fel se întâmplă și cu muzicienii și pictorii a căror activitate a fost întreruptă sau care, după o existență nesatisfăcătoare ca pianiști, simt nevoia să reia această carieră pentru a-și publica propria muzică.

Acest fenomen are mai puțin de-a face cu karma neterminată și mai mult cu progresul nostru spiritual. Simțim adesea nevoia de a finaliza anumite cicluri înainte de a trece la următorul. Motivul pentru care tindem să retrăim obiceiuri vechi este legat de căutarea sensului prin sine. Cei care fac acest lucru devin adesea cei mai inspirați și unici artiști și scriitori. Stăpânirea tehnicilor nu face din cineva un artist, deși poate fi necesară. Acesta este un lucru pe care mulți scientologi nu reușesc să îl înțeleagă; ei laudă artiștii, cu excepția celor care le critică practicile, și apoi se numesc artiști când tot ceea ce fac este să stropească cu vopsea la întâmplare pe o pânză albă.

Majoritatea oamenilor ajung să fie o insultă totală la adresa propriilor valori religioase pentru că nu pot vedea implicațiile practicilor lor atunci când sunt învățați incorect. Ei devin obsedați de a fi unici și mai buni decât alții și ajung să distorsioneze informațiile într-un efort de a se proteja. Spiritualitatea, însă, nu este ceva ce poți urma orbește sau în care poți crede. Spiritualitatea, fie ea religioasă sau individuală, nu are sens ca dogmă.

Capitolul 41: Spiritualitatea în viață

Atunci când corpul este corupt de învățături false sau incomplete, vibrația este afectată. Majoritatea vorbitorilor publici fac exact acest lucru atunci când ignoră legile universale ale spiritului. Ei dezechilibrează mintea și spiritul, făcând ca corpul energetic să devină toxic și plin de idei proaste, ceea ce este asemănător cu practica demonică. Sentimentul bun pe care mulți cititori îl descriu atunci când îmi citesc cărțile provine dintr-o transmutare a conștiinței care ridică corpul energetic la niveluri superioare de vibrație. Acest proces acționează ca o curățare a corpului energetic prin corpul spiritual, eliminând gândurile, credințele și viziunile negative.

Astfel, cei care asimilează standarde superioare își sporesc capacitatea de a vedea și înțelege lumea. Ei nu sunt doar credincioși, ci clarvăzători. Atunci când mulți cititori susțin că mi-au citit cărțile de mai multe ori, este pentru că își dau seama că aceste texte nu sunt doar cuvinte pe o pagină albă, ci o formă de medicament spiritual care menține corpul vibrând la niveluri înalte. În esență, o învățătură bună și adevărată trebuie să conțină aceste elemente, care sunt complementare elementelor alchimice. Spiritul, sau corpul energetic, are nevoie de o combinație bine articulată a celorlalte patru elemente pentru a putea urca la un nivel superior:

- Aer: cunoașterea adevărului;

- Apa: echilibrul emoțional;

- Pământ: bogăția materială manifestată prin dobândirea de sens și rezultate.

- Foc: aplicarea adecvată a acțiunilor, dorințelor și motivațiilor la rezultatele manifestate în lumea fizică.

Se crede că cunoștințele de alchimie provin din civilizații antice care au avut contact direct cu extratereștrii, de la care au primit aceste cunoștințe, precum și alte informații conexe din domeniul divinației, după aceleași principii. Când aceste mari orașe au dispărut sub mare - în imensitatea oceanelor Atlantic și Pacific, printre altele - ceea ce a rămas din ele sub formă de teorii a fost transmis altor culturi din Asia și America de Nord.

Nativii americani posedă, de asemenea, cunoștințe de alchimie, pe care le-au transmis prin numeroasele lor legende. Aceste cunoștințe au fost apoi reinterpretate și studiate în diferite părți ale lumii. Din păcate, din cauza persecuțiilor religioase și a colonizării multor teritorii de către britanici, portughezi, spanioli, francezi și olandezi - care au dus la uciderea multor oameni și la arderea textelor religioase - aproape totul s-a pierdut, inclusiv legendele și tradițiile transmise de generații. O mare parte din lumea arabă a fost, de asemenea, distrusă de fanatismul religios și de colonizarea NATO, care a combinat cruzimea Statelor Unite și a Europei cu ipocrizia poporului său, sub noi scopuri colonizatoare.

Atunci când vom realiza că cultura nu este doar ceva ce luăm, furăm, copiem sau asimilăm, ci ceva din care învățăm, vom descoperi noi modalități de a trăi într-o mai mare armonie. Acesta este cu siguranță modul în care am învățat din multe culturi, motiv pentru care pot spune că alchimia face parte din viața mea, inclusiv din modul în care gătesc. În plus, multe probleme cu care se confruntă corpurile fizice ale oamenilor pot fi legate de acest dezechilibru alchimic, care poate fi corectat prin înțelegerea următoarelor:

- Apă: un pahar de apă cu lămâie (foc) și sarea din mâncare;

- Pământ: cartofi, morcovi și alte legume;

- Aer: caju și alte fructe și nuci, inclusiv măsline și ulei de măsline.

- Foc: paprika, piper negru și fructe amare precum lămâia.

Și unde se încadrează carnea și peștele? Acestea sunt metale, la fel ca și corpul tău. Dacă dieta dvs. este dezechilibrată și conține un exces de metale sau produse animale, vă va fi dificil să vă concentrați și să absorbiți informații noi, precum și va fi mai probabil să experimentați emoții și gânduri negative, deoarece metalele vă pot face corpul mai acid. De asemenea, metalele pot contribui la apariția bolilor.

Acest lucru nu înseamnă că nu puteți mânca carne, pește, ouă sau produse lactate; înseamnă însă că aveți mai multe șanse să dezvoltați boli mentale și fizice dacă nu respectați aceste principii. Mulți oameni sunt nesănătoși din punct de vedere mental și fizic și, ca urmare, nu pot fi la fel de atrăgători. Cu toate acestea, medicii moderni, în general, nu abordează aceste probleme deoarece nu ştiu prea multe despre nutriţie, alchimie sau relaţia dintre elementele naturii şi corpul uman. Ei atribuie totul biologiei şi cauzalităţii, care este un mod limitat şi greşit de a privi viaţa, deşi ajută la vânzarea medicamentelor.

Atunci când oamenii devin obsedaţi de bani, chakrele inferioare ale corpului lor spiritual sunt afectate, ei devin corupţi spiritual şi îşi pierd interesul pentru formele superioare de vindecare. Acest lucru poate explica de ce am văzut atât de mulţi medici şi asistente sfătuind pacienţii să facă lucruri care, de fapt, le accelerează moartea. În acest fel, o fiinţă cu energie scăzută, medicul, poate face rău unei alte fiinţe cu energie scăzută, pacientul ignorant.

Atunci când oamenii sunt orbiţi de lumea formelor, ei nu văd ceea ce ar trebui să fie semnificativ pentru ei. Indigestia, anxietatea şi depresia - probleme comune în societatea actuală - sunt de obicei cauzate de o dietă dezechilibrată, adesea combinată cu un exces de proteine animale, care pot face corpul acid. Este posibilă inversarea acestei situaţii prin simpla adăugare în alimentaţie a mai multor legume, ardei iute şi lămâi, precum şi fructe, seminţe şi nuci, pentru a echilibra elementele pământ, foc şi aer.

Capitolul 42: Relaţiile umane

Iisus a spus: „Poporul meu moare din cauza ignoranţei" (Osea 4:6). În mod ironic, această zicală creştină este mai aplicabilă astăzi filosofiilor satanice cărora creştinii pretind că li se opun. Biblia satanică, scrisă de Anton LaVey, identifică prostia umană drept cel mai mare duşman al omului, iar o consecinţă a acestei prostii este temuta „mentalitate de turmă". Aşadar, individualitatea nu este un lucru rău; ceea ce este esenţial este capacitatea de a gândi pentru sine pentru a atinge tărâmuri mai înalte. Între timp, văd o mare cantitate de ură în lume, izvorâtă din suferinţă sistematică şi frică constantă, ambele provenind din ignoranţă. Ignoranţa este de obicei rezultatul lenei, care la rândul ei este alimentată de obsesia plăcerii.

Pentru a observa aceste caracteristici şi a nu fi afectat de ele, trebuie să încorporaţi ceea ce societăţile secrete numesc „ochiul furtunii". Puteţi alege să fiţi un observator, neafectat de mecanismele lumii. Este dificil, dar posibil. Amintiţi-vă că oamenii vin şi pleacă, dar soarele, marea şi munţii vor rămâne întotdeauna. În viaţă, nu întreba niciodată ce pot face alţii pentru tine; întreabă ce poţi face tu pentru tine. Nu presupuneţi că alţii vă pot ajuta să vă îmbunătățiți; căutați modalități de a vă îmbunătăți singuri, rămânând fideli naturii voastre spirituale. Cere înainte de a primi permisiunea și zâmbește chiar și atunci când îți calomniază numele.

Să reacționezi la lume înseamnă să devii ca ea și să cazi în capcanele și dramele ei emoționale. A te aștepta ca lumea să te respecte înseamnă să-ți uiți calea spirituală pentru a le oferi celorlalți ceea ce își doresc, ceea ce este întotdeauna inferior față de ceea ce poți face pentru tine. Nu vă așteptați niciodată ca cineva să vă arate un rezultat mai bun pentru viitorul vostru, deoarece acest lucru se va întâmpla rareori. În cel mai bun caz, ei vor dori pentru tine ceea ce nu pot obține pentru ei înșiși. Din toate aceste motive, este o prostie să ne așteptăm ca ceilalți să ne accepte gândurile sau opiniile. Nu ar trebui să vorbim pentru a obține aprobare, ci doar când și dacă este necesar. O vorbă nespusă este mai bună decât una irosită.

Nu judeca niciodată ceea ce spun oamenii ca fiind corect sau greșit; ceea ce spun ei are sens doar în funcție de intențiile lor față de tine. Ar trebui să-i judeci pe ceilalți după cum te judecă ei pe tine, nu după ceea ce spun ei. Dacă așteptați ca ceilalți să vă corecteze, nu vă veți dezvolta niciodată capacitatea de a vă recunoaște și corecta propriile greșeli, care este cea mai înaltă facultate a intelectului: judecata de sine prin analiza metacognitivă.

Dacă altora le place, iubesc, adoră, admiră și vor să fie cu tine, este minunat. Cu toate acestea, dacă vă urăsc, disprețuiesc, ridiculizează, nu vă respectă și vă evită, acest lucru nu ar trebui să vă afecteze intențiile sau eforturile de a vă îmbunătăți în viață. În această viziune etică a acţiunii, a fi perceput ca fiind foarte frumos sau foarte urât are exact acelaşi sens: una adaugă valoare, în timp ce cealaltă nu ar trebui să o diminueze. Este mai avantajos să fii sincer cu tine însuţi şi cu natura ta decât să o eviţi, deoarece această atitudine nu te obligă niciodată să îţi diminuezi stima de sine, valoarea de sine sau potenţialul de a visa. De fapt, cu cât simţiţi că vă lipseşte mai mult, cu atât mai importante trebuie să fie visele voastre. Este firesc ca cei care suferă cel mai mult să aibă cele mai mari ambiţii, deşi ar fi mai bine dacă acestea ar fi alimentate de iubire, astfel încât arta lor să se poată manifesta într-o societate mai iubitoare.

Până când nu simţi dureri de cap, depresie sau durere în corpul energetic şi în corpul fizic, nu poţi presupune că ai muncit suficient de mult. Un corp puternic necesită multă disciplină şi suferinţă, la fel ca mintea şi sufletul. Suntem forjaţi ca metalul sub cel mai fierbinte foc. Cu toate acestea, pe măsură ce te perfecţionezi ca fiinţă umană, simţul tău al dreptăţii se ascute. S-ar putea să vă simţiţi obligaţi să vorbiţi, să judecaţi şi să-i corectaţi pe alţii în chestiuni precum religia, politica şi chiar sexul, dar este mai bine să vă concentraţi asupra moralităţii, valorilor sociale şi iubirii.

Pe măsură ce evoluezi în minte, corp şi spirit, îţi vei da seama şi că masele nu fac diferenţa între credinţă şi adevăr. Ele cred că totul este la fel şi ajung să raţionalizeze o lume pe care nu o înţeleg cu adevărat. Acesta este motivul pentru care posibilitatea de a crede în alte lumi, cum ar fi existenţa extratereştrilor, sperie atât de mulţi oameni. Masele se împotrivesc să ia în considerare alte realităţi sau credinţe pentru că acest lucru le cere să îşi regândească convingerile. Cu toate acestea, ignoranţa nu este o stare permanentă. Ignoranţii se îndreaptă mereu spre autodistrugere din cauza lipsei lor de discernământ.

Capitolul 43: Călătoria de autodescoperire

Un lucru pe care ignoranții nu reușesc să îl realizeze este că a crede nu este sinonim cu adevărul, iar a crede în ceva nu îl face adevărat. Deși acest concept pare simplu, majoritatea oamenilor nu au ajuns încă la această înțelegere de bază, care este esențială dacă vrem să ne identificăm ca ființe inteligente și să ne considerăm astfel oameni. Numai atunci putem percepe noi dimensiuni ale realității dincolo de limitele lumii tridimensionale.

De fiecare dată când cineva dintr-un tărâm inferior reinterpretează un adevăr dintr-un tărâm superior, adaptează informația la nivelul său de percepție. Vedem acest lucru în materializarea constantă a simbolurilor care nu au fost niciodată menite să fie interpretate în forma lor fizică. Atunci când cineva rostește aceste adevăruri ascunse, masele le reinterpretează, reducând complexitatea gândurilor la un nivel mai ușor de asimilat. Când se ajunge la acel punct, informația rămâne blocată într-o reinterpretare ciclică la același nivel.

Acesta este motivul pentru care nu contează câte grupuri creștine se formează în jurul acelorași credințe și a aceleiași cărți: ele vor fi întotdeauna greşit orientate. A fi diferit nu înseamnă a avea dreptate, ci a greşi într-un mod diferit. Putem testa acest lucru pe noi înşine: cu cât înţelegem mai mult, cu atât vedem mai multe înţelesuri diferite în aceleaşi texte. Cu toate acestea, putem percepe straturi de cunoştinţe în cărţi doar dacă acestea conţin adevăruri profunde.

Opusul este valabil pentru informaţiile false. Atunci când ne trezim la niveluri superioare de percepţie, putem distinge cu uşurinţă adevărul de înşelăciune. Vă veţi da seama că puteţi vedea mai mult decât alţii, chiar şi atunci când le dezvăluiţi semnificaţiile acestor realităţi superioare, pe care ei le pot respinge sau le este teamă să le discute. Majoritatea oamenilor de pe Pământ sunt prinşi spiritual într-o lume de densitate inferioară şi sunt incapabili să înţeleagă aceste adevăruri superioare, care sunt pline de complexităţi dincolo de înţelegerea lor limitată. Ei văd foarte puţin în comparaţie cu ceea ce se transmite din tărâmurile superioare şi, ca urmare, cei care sunt mai pregătiţi, atât mental, cât şi fizic şi spiritual, primesc aceste învăţături.

Acest lucru duce la o diviziune clară, dar inevitabilă, între cei care ştiu şi cei care nu ştiu. Cei din urmă rămân cufundaţi în lumea formelor, în timp ce primii evoluează către o nouă stare mentală plină de idei, creativitate, viziuni şi percepţii. Aşadar, deşi Adevărul este unic şi a fost reprezentat simbolic în acelaşi mod timp de mii de ani în diferite culturi, interpretarea sa s-a adaptat la starea evolutivă a civilizaţiei de pe planetă, întotdeauna prin intermediul celor aleşi.

Acești oameni aleși, sau oameni ai lui Dumnezeu, nu se regăsesc în religiile false, dar toate religiile sunt false în cele din urmă. Aceste persoane s-au purificat prin suferință și s-au înălțat magnetic prin rugăciune și acțiune etică. Ei primesc în funcție de ceea ce cer și înțeleg. Cei care vor mai mult de la viață trebuie să fie dispuși să înțeleagă mai mult. Această înțelegere nu vine direct din cărți, ci din credință și discernământ, ambele fiind cultivate prin studii ale minții și ale lumii fizice. Deși aceste studii sunt disponibile cel mai ușor în cărți, ele pot fi dobândite în multe alte moduri, pe măsură ce tehnologia se dezvoltă.

Pe de altă parte, dacă oamenii sunt foarte ignoranți, chiar și la cel mai elementar nivel de înțelegere, ei vor reacționa cu furie atunci când li se predă sau li se arată ceva, precum un animal sălbatic. De exemplu, am întâlnit odată într-o cafenea croată o femeie care se uita la mine furioasă de fiecare dată când intram. Acest lucru se întâmpla pentru că uitase odată să-mi dea restul pentru achiziția mea, iar când am întrebat-o, și-a recunoscut greșeala și și-a cerut scuze. Atunci de ce se purta ca și cum eu îi făceam probleme? Nu am insultat-o și nu am spus sau făcut nimic greșit, dar mă îndoiesc că înțelege motivul reacției sale. A fost ghidată de emoțiile ei, care îi spun că este greșit să-i corectez comportamentul. În consecință, mintea ei o convinge că, dacă face o greșeală, va fi vina altcuiva, nu a ei. Acest lucru ilustrează cât de puternic poate fi ego-ul atunci când cineva este ignorant. Acesta este modul în care mintea unui individ foarte ignorant, iresponsabil și inconștient reacționează la realitate, sub influența unui anumit mecanism mai degrabă decât a rațiunii.

Am putea presupune că cineva care citeşte cărţi, în special ale mele, ar fi diferit, dar, conform observaţiilor mele, nu este întotdeauna aşa. Mulţi oameni caută adevărul, dar se comportă ca şi cum nu ar fi important, pentru că se văd pe ei înşişi ca fiind nimic. Este ca şi cum ai încerca să găseşti lumina în timp ce mergi tot mai adânc într-o peşteră. Majoritatea oamenilor pur şi simplu nu sunt dispuşi să facă efortul de a se schimba, deoarece starea lor de spirit îi împiedică să evolueze.

Capitolul 44: Cunoaștere și transformare

O dată, o angajată a unui supermarket din Zagreb, Croația, a insistat că aveam o problemă cu cardul meu de credit, pentru că probabil era prea rasistă să admită că problema era la procesarea plăților. Am insistat că nu știa cum să proceseze corect plata și a avut dreptate. Când și-a dat seama de greșeala sa, aparatul a funcționat bine și mi-a procesat plata. Era atât de obsedată de ideea superiorității sale încât nu și-a corectat comportamentul. A trebuit să mă enervez și să insist să își recunoască greșeala. În acest caz, nu și-a cerut niciodată scuze. În schimb, de fiecare dată când am intrat în același supermarket după acea zi, m-a privit cu ură, ca și cum aș fi fost acolo pentru a-i face probleme. Când mă apropiam de casă, mușchii i se încordau și nici măcar nu mă privea în ochi.

Aceasta este lumea în care trăim, deci cum poate cineva să predea ceva de o natură superioară în acest context? Va rezolva problema supărarea? Nu. Explicarea lucrurilor celor ignoranți va schimba ceva? Din nou, nu! Așadar, de ce ar trebui să ne gândim măcar la încercarea de a-i „salva"?

Ironia este că cei care sunt prea ignoranți pentru a ști că trebuie să fie „salvați" vor respinge, de asemenea, orice oportunitate de salvare. Ei nu vor vedea sau nu vor lua în considerare posibilitatea; natura lor nu le permite să vadă ființe superioare. De fapt, am observat că oamenii cu o natură foarte joasă răspund doar la sunete și gesturi de același nivel, adică o voce puternică și forță fizică brută. De asemenea, sunt mai predispuși să arate respect pentru cineva care îi poate domina fizic decât pentru cineva care evită să intre în conflict cu ei. În schimb, dacă întâlnesc o persoană foarte pașnică, vor tinde să dea dovadă de mai multă aroganță.

Din cauza acestor indivizi, mulți oameni nevinovați plătesc cu viața. Războaiele apar întotdeauna atunci când există prea multă ignoranță și o incapacitate de a rezolva conflictele cu rațiune sau de a-și recunoaște greșelile. Vina și rușinea sunt adesea principalele influențe din spatele conflictelor, deoarece aceste două emoții reprezintă vibrații foarte joase. Prin urmare, cred că mulți oameni ignoranți trebuie îndepărtați înainte de a putea lua în considerare o nouă ordine mondială cu o practică spirituală mai iluminată.

Dacă aceste cărți vor deveni evanghelia unei noi religii, acest lucru se va întâmpla doar pentru că adepții mei și-au dat seama că eu vorbesc diferit de toți ceilalți și că nu sunt un ipocrit ca alții din același domeniu. Integritatea mea, valorile mele morale și nivelul meu de cunoștințe sunt incompatibile cu acest tip de comportament. Departe de a promova o ideologie a victimizării, a ignoranței și a pasivității, le-aș spune de fapt să se îmbogățească, să învețe să lupte și să se apere, să obțină mai multe pașapoarte dacă pot, să cumpere o barcă mică care să le permită să traverseze Atlanticul în orice moment și să se mute pe o insulă cu cei dragi.

Le-aş spune, de asemenea, să înveţe tehnici de supravieţuire de bază, cum ar fi pescuitul, şi să îşi menţină viaţa cât mai simplă posibil, cu alimente sănătoase. Le-aş spune să facă din mâncare o artă plăcută, dar plină de ceea ce corpul are nevoie. Mai presus de toate, le-aş sugera să formeze o comunitate şi să împartă cărţile, să împărtăşească ceea ce ştiu şi să se bucure de viaţă, chiar şi atunci când restul lumii se prăbuşeşte, deoarece, cu credinţă, vor fi întotdeauna protejaţi, indiferent de situaţie.

Când locuiam în Zagreb, o dronă care transporta o bombă a căzut la câţiva metri de apartamentul meu, dar nu a explodat. Dacă s-ar fi întâmplat asta, această carte nu ar fi existat. Cu toate acestea, când va veni momentul să te muţi, vei auzi o voce interioară care te va avertiza sau o vei vedea în visele tale. Dar pentru cei care au învăţat să accepte lumea aşa cum este, această densitate foarte scăzută va părea întotdeauna perfect normală şi acceptabilă. Ei îşi vor nega adevărul, spunând că a cunoaşte adevărul este o „asimilare negativă” şi că asta îi face negativi. Ei nu vor lua niciodată în considerare posibilitatea că propria lor ignoranţă este cea care îi face negativi, că negarea realităţii aşa cum este ea îi face negativi, că negativitatea nu este o opinie, ci o vibraţie care vine din corpul vostru şi că nu vă puteţi preface în viaţă, mai ales dacă doriţi să vă creşteţi conştiinţa.

Cum poţi vedea mai mult dacă negi ceea ce vezi? Este ridicol să gândeşti aşa, iar oamenii care gândesc aşa sunt ridicoli. Iar oamenii ridicoli ajung la concluzii ridicole pe baza unor raţionalizări ridicole, pentru că a fi ridicol este o lipsă de capacitate şi de dorinţă de a gândi eficient. Aceste atitudini se bazează pe convingeri dintr-o lume de densitate mai mică. Aceste caracteristici nu s-ar manifesta în tărâmuri superioare.

Când vine vorba de evoluția spirituală, nu este suficient să mâncați mai multe legume și să cântați mantre. De fapt, mare parte din ceea ce credeți devine o minciună evidentă atunci când întâlniți alte lumi mult mai evoluate. De exemplu, vă puteți imagina alergând cu greutăți pe picioare. Puteți spune că vă face picioarele mai puternice, dar nu puteți spune că vă face mai rapid, nu în timp ce purtați greutățile. În același fel, dacă o persoană care a crescut în mijlocul violenței întâlnește o persoană bună, nu va ști cum să se comporte pentru că, în realitatea ei, oamenii mint, înșeală și profită de alții. Ei nu știu cum să reacționeze la bunătate. Bunătatea îi sperie mai mult decât elementele cu care sunt obișnuiți.

Capitolul 45: Natura realită ii

Atunci când realitatea nu corespunde așteptărilor oamenilor, oricât de pozitive ar fi acestea, în general ei o resping. Mulți oameni sunt atât de obișnuiți cu durerea, încât atunci când, în sfârșit, ating fericirea pentru care au muncit atât de mult, o distrug din greșeală. Acest autosabotaj se manifestă în diverse moduri: pot deveni mai aroganți și mai cruzi, îi insultă pe cei care se află într-o stare de spirit superioară sau fac greșeli care par a fi rezultatul ghinionului, dar care de fapt își au rădăcinile în tendința lor de a reveni la o stare de spirit familiară.

Dacă o persoană își dă seama că bunătatea este o formă mai insidioasă de manipulare, îi va rezista și mai mult. Acest lucru este valabil mai ales pentru cei care au trăit în sărăcie cea mai mare parte a vieții lor. Neavând experiența bogăției, aceștia risipesc adesea banii sau îi depun în bănci care îi confiscă atunci când mor. De obicei, oamenii care știu puține despre bogăție tind să creadă că cei care au mai mulți bani i-au dobândit prin mijloace necinstite. Această mentalitate încurajează sentimentele de inadecvare și ignoranță, făcându-i să creadă că trebuie să muncească mai mult, că sunt imperfecți și că convingerile lor sunt greșite.

O persoană poate trăi o viață întreagă agățându-se de aceste convingeri, dar va găsi puține împliniri, chiar și în literatură, dacă nu este dispusă să se schimbe. Este posibil să citești adevărul fără să-l vezi cu adevărat. Acesta este motivul pentru care cele mai populare religii implică adesea cântece și recitarea unor texte de neînțeles, așteptând ca altcineva să le interpreteze sensul. Atunci când mintea unei persoane este blocată într-o lume cu densitate mai mare, cum este cazul pe Pământ, conceptele despre tărâmurile superioare pot părea nerealiste.

Pe vremea când eram educator și specialist în dificultăți de învățare, nu eram cunoscut pentru rata mea de succes de aproape 100%, ci mai degrabă pentru utilizarea pietrelor mici. Mulți erau curioși cu privire la originea acestor pietre și mă suspectau de necinste, întrerupându-mi adesea sesiunile cu copiii pentru a mă observa. Cu toate acestea, nu m-au văzut niciodată interacționând cu copiii; în schimb, s-au concentrat asupra pietrelor, întrebându-mă de ce le-am mutat în direcții diferite sau de ce am ales pietre negre în locul celor albe. Le-am explicat că nu aveam criterii specifice pentru alegerile mele, dar ei au rămas convinși că ascund ceva. M-au întrebat apoi unde am învățat să folosesc pietrele și dacă există o religie care să predea această „magie”.

Această curiozitate a fost manifestată mai ales de adulți, dintre care majoritatea erau profesori. În schimb, copiii pur și simplu învățau, excelau la învățătură, își exprimau recunoștința și își ajutau colegii cu ceea ce învățaseră de la mine. În cele din urmă, eu voi fi uitat, dar metoda, ajutorul oferit și rezultatele vor dăinui, cu excepția cazului în care acești copii, acum adulți, vor alege să caute pietrele magice pierdute. Acest lucru face ecou cuvintelor lui Isus: „Dacă nu vă schimbați și nu deveniți ca niște copii, nu veți intra niciodată în Împărăția cerurilor" (Matei 18:3). „Ca niște copii" înseamnă să fii practic, lucid, imparțial și apreciativ.

Acest exemplu ilustrează o temă recurentă în viața mea, pe care continui să o experimentez ca scriitor. În loc să absoarbă ceea ce învață de la mine, mulți cititori mă compară cu guru frauduloși, mă judecă pe baza înfățișării sau a trecutului meu și devin obsedați să demonstreze că am furat informația, mi-am imaginat-o sau am avut acces la vreo înregistrare mistică. Nu am întâlnit niciodată acest scepticism în rândul copiilor. Ei pur și simplu puneau întrebări, aplicau răspunsurile și se bucurau de rezultate. Adulții, pe de altă parte, sunt în general orbi la aspectele cu care se identifică și pe care le-au integrat în personalitatea lor, precum și la persoanele care le influențează semnificativ rezultatele. Mulți oameni își petrec întreaga viață în această stare de întuneric.

Psihiatrul Carl Gustav Jung a articulat bine acest fenomen atunci când l-a descris ca fiind „un inconștient care a devenit realitate", o stare din care „nu poți crește cu adevărat fără să te confrunți cu propria ignoranță". Dar cum ai percepe viața și pe tine însuți dacă te-ai confrunta cu întunericul din propria ta minte? Acest proces necesită credință, speranță și o nouă înțelegere a simbolurilor care vă ghidează.

Capitolul 46:
Rugăciunea

L a sfârșitul acestei cărți, vă ofer o rugăciune sugerată:

Creatorule care vezi totul și știi totul,

Tu ești prezent în fiecare manifestare.

Este prezent pentru un scop sacru,

Un scop care merge dincolo de înțelegerea mea.

Fie ca înțelepciunea Lui să ajungă la mine,

și fie ca voia Lui să fie făcută prin mine.

Fie ca lumina Creatorului să mă umple de ambiție, vitalitate și sănătate,

astfel încât să pot trăi conform manifestărilor divine.

Fie ca scopul meu pe Pământ să fie îndeplinit conform planului divin,

Alinierea gândurilor mele cu ale Tale.

Dă-mi răspunsurile la rugăciunile mele astăzi şi întotdeauna,

În timp ce eu caut să găsesc cuvintele Tale în mine.

Iartă-mă pentru greşelile mele,

În timp ce mă eliberez de vinovăţie şi frică.

Nu mă duce la mânie sau suferinţă,

ci eliberează-mă de gândurile iluzorii şi de lipsa de discernământ.

Fie ca eu să nu mă las dus de emoţii înşelătoare,

Să nu mă las purtat de tentaţii irelevante.

Şi fie ca voia Ta să se facă!

Sunt recunoscător pentru binecuvântările pe care le primesc,

În drum spre respectul de sine necesar pentru a le recunoaşte!

Fie ca gloria şi speranţa pentru un viitor mai bun să-mi umple inima!

Îţi mulţumesc!

Glosar de termeni

Aliniere: Proces de transformare a mecanicii vieții în care conștiința, ego-ul și sinele superior ating armonia și echilibrul.

Suflet: Aspectul conștient al unui individ care conectează spiritul la lumea fizică. Acesta servește ca sediu al conștiinței, emoțiilor și interpretării.

Karma: Principiul cauzei și efectului conform căruia acțiunile și alegerile unei persoane în viețile trecute influențează experiențele și circumstanțele actuale.

Conștiință: Starea de a fi conștient de mediul înconjurător, gândurile și experiențele interioare ale unei persoane. Este baza identității și a evoluției spirituale.

Ego: sentimentul de sine, caracterizat de obicei prin atașamentul față de propriile gânduri, credințe și identitate. Egoul poate atât facilita, cât și împiedica creșterea spirituală.

Spirit: esența eternă, non-fizică a unui individ care transcende corpul și personalitatea. Este sursa adevăratei identități și a potențialului unei persoane.

Sinele superior: Aspectul spiritual și etern al unui individ care transcende ego-ul și personalitatea. Reprezintă sursa adevăratului scop și potențial al unei persoane.

Kundalini: energie spirituală latentă în corpul uman, reprezentată de obicei ca un șarpe încolăcit. Trezirea și ascensiunea sa sunt asociate cu iluminarea spirituală.

Minte: Facultatea care generează gânduri, credințe și percepții. Mintea este distinctă de suflet și spirit, dar este legată de ambele.

Reîncarnare: Credința că sufletul sau conștiința renaște într-un nou corp fizic după moarte, făcând posibilă continuarea creșterii și evoluției spirituale.

Transmutație: Procesul de transformare a conștiinței, energiei și stării fizice a unei persoane prin practici spirituale și principii alchimice.

Cerere de recenzie de carte

D ragă cititorule,

Îți mulțumim că ai cumpărat această carte! Mi-ar plăcea să primesc vești de la dumneavoastră. Scrierea unei recenzii de carte ne ajută să ne înțelegem cititorii și, de asemenea, influențează deciziile de cumpărare ale altor cititori. Opinia dumneavoastră este importantă. Vă rugăm să scrieți o recenzie de carte! Bunăvoința dumneavoastră este foarte apreciată!

Despre autor

Dan Desmarques este un autor de renume, cu un palmares remarcabil în lumea literară. Cu un portofoliu impresionant de 28 de bestselleruri pe Amazon, inclusiv opt bestselleruri numărul 1, Dan este o figură respectată în industrie. Bazându-se pe trecutul său de profesor universitar de scriere academică și creativă, precum și pe experiența sa de consultant de afaceri experimentat, Dan aduce o combinație unică de expertiză în munca sa. Perspectivele sale profunde și conținutul său transformator se adresează unui public larg, acoperind subiecte atât de diverse precum creșterea personală, succesul, spiritualitatea și sensul profund al vieții. Prin intermediul scrierilor sale, Dan îi împuternicește pe cititori să se elibereze de limitări, să-și elibereze potențialul interior și să pornească într-o călătorie de autodescoperire și transformare. Pe o piață competitivă de auto-ajutorare, talentul excepțional și poveștile inspirate ale lui Dan fac din el un autor de excepție, motivându-i pe cititori să se implice în cărțile sale și să pornească pe calea creșterii și iluminării personale.

Scris tot de autor

Despre editor

Această carte a fost publicată de Editura 22 Lions Publishing.

www.22Lions.com

www.ingramcontent.com/pod-product-compliance
Lightning Source LLC
Chambersburg PA
CBHW071935150726
47999CB00001B/218